瓯地乡愁
系列丛书

出 品

世界温州人联谊总会
世界温州人家园

Wenzhou Homesickness

"瓯地乡愁"系列丛书编辑指导委员会

顾 问

陈 浩

主 任

施艾珠

委 员

黄益友　童洪兴　金国平　李水旺　王忠宝

叶 军　蔡仁燕　苏爱萍　郑宏国

编辑委员会

策 划

蔡仁燕

统 筹

方韶毅　叶凌群

编 务

彭 锋　王 慧　蔡姬辉　曾陈云　郑圣洁

制 作

《温州人》杂志

World
Wenzhounese Home

出品
世界温州人联谊总会
世界温州人家园

金丹霞 / 编

Wenzhou
Homesickness

IMAGES
OF
WENZHOU

瓯地乡愁
系列丛书

出版缘起

2018 年 11 月 9 日，在庆祝改革开放 40 周年的特殊历史节点，在第五届世界温州人大会召开之际，凝聚各方智慧力量打造而成的世界温州人博物馆顺利开馆了。之后，世界温州人博物馆迎来了一批批海内外乡贤、外地嘉宾，大家为温州人的故事所感动，为温州人的成就而振奋。

开馆之际，世界温州人博物馆筹建工作组也同步推出《弄潮儿——走向世界的温州人》《世界温州人博物馆捐赠藏品图录》（第一辑）两本册子，颇受欢迎。然而这些似乎都还未能满足人们对温州的想象，特别是远在异国他乡的华侨对家乡的渴念，意犹未尽之余总有参观者提出希望：如果能有更详细介绍温州风土人情的内容让我们带回去细细品味，那就太好了！

温州古称"瓯"，山明水秀、温暖宜居，是我侬温州人永远无法忘怀的家园。历经千年开拓、百年开埠，特别是改革开放 40 多年来，温州人为创造美好的生活，背井离乡，闯荡世界。虽然很多人走得越来越远，但他们始终记得回家的路。

"像树木花草一样，谁能没有一个根呢？我若能忘掉故乡，忘掉亲人师友，忘掉童年，我宁愿搁下笔，此生永不再写。"我感动于温籍作家琦君的这段话，道出了万千游子的心声。

曾经的苦难与峥嵘，都已随风远去，唯有故乡是最温暖的守候。为此我们拟推出献给世界温州人的礼物——"瓯地乡愁"系列丛书，书写温州人文、技艺、风物、美食等，定格精彩画面美丽瞬间，让更多的温州人感知家乡的人文风采，了解世界温州人的智慧才情，从字里行间触摸家乡的温度，寻找自己的来路。

如果这套丛书的出版，能为增强内外温州人、新老温州人对"温州"的归属认同，对"温州人"的身份认同，对"温州文化"的价值认同出一份力，我们将深感欣慰。

世界温州人联谊总会
世界温州人家园

前言

这是一张张泛黄的照片，距今时间最久的已有一百多年。历经岁月的冲刷，有的已边角残破，有的已画面模糊。但照片背后的故事，那些沉淀在时光深处的传奇和荣耀，至今仍在坊间流传。

这里有名门望族的醇厚家风。百里坊马孟容、马公愚兄弟是永嘉画派的杰出代表，他们同时入学，同时任教，同时举行婚礼，全家福记录下这个以书画闻名的家族盛事；市区汪家三少奶奶赵璧偕九子女、平阳鳌江王家六子弟、乐清开元巷洪氏八俊，那一字排开从高到低的队列，展示了民国时期大家族的"豪华阵容"，那一个个少年子弟虽经历不同却各有所成，显现了优良家风传承不绝的巨大影响。

这里有时代风云的珍贵记录。18名平均年龄16岁的上海少年瞒着父母结伴来温，他们奔忙在城乡演出的身影，辉映着温州血火交融的抗战历程；跟随中外记者访问团到延安，赵超构成就了他新闻生涯中的高光时刻。

这里有起伏跌宕的人生境遇。那冒死保护国宝金编钟的"陈五爷"，那为温州化工事业发展奔波的红色专家杨学德，那一生刻印二万方的金石名家方介堪，那投身革命却又成了"地主婆"的名门之女徐章，他们走过战乱年代，亲历政治运动，颠簸于时代浪潮中，奏响了震撼人心的命运交响曲。

这里有浓得化不开的乡愁。何朝育、黄美英把自己的名字打造成了慈善的种子"育英"，播撒在故乡的土地上，生生不息；梅家父子两代侨领，在海外艰苦创业，却始终情系桑梓，爱国爱乡的事迹为人传颂；无数次在笔墨间寻觅归乡之路的琦君，终于坐着轮椅回家了，她脱口而出的是一口依然流利的温州话：故乡，我回来了！

这里还有爱与美的传奇。王载绂和宋爱兰的故事被誉为鳌江版的"罗密欧与朱丽叶"，在投身抗日救亡运动和远赴昆明西南联大求学的历史背景下，两个年轻人最终演绎了一出轰轰烈烈的爱情喜剧；瑞安黄家四兄妹都是愈老愈有光彩的人，白发聚首，更添风神，舞台上各有声色，舞台下各具千秋，他们笑称自己是书香门第里走出的"卖艺人家"。

这里更有温州人拼搏奋进的精神。轰动温州的大型商场，五马街上的最高建筑，"许云章"彰显了民国温商的气派；兄长是化工才俊，弟弟是数学天才，平阳苏氏兄弟用勤勉书写了"卧牛山下农家子"的骄傲；温州不仅有数学家群体，难懂的温州话还催生了语言学家群体，五位温籍大咖齐聚汉语方言学会年会，成为那届年会的一段佳话；发明了视力对数表的缪天荣教授成立国内首个眼科光学研究室，招收了温州医学院有史以来的第一批研究生，奠定了今日温州眼视光的基础……

20个故事，20组照片。翻开每一张照片，仿佛就是在和这些睿智而勇毅的灵魂对话。

他们是一颗颗星，汇聚成大写的"温州人"。

他们如一束束光，照亮后来者前方的旅程。

金丹霞

2020年12月13日

目　录

Contents

书画传家三百年

金丹霞

马孟容、马公愚两兄弟年龄相差仅一岁，哥哥生于1892年，弟弟生于1893年。两人长得又很像，都是清秀挺拔的身形，外人往往误以为是孪生兄弟。他们同年入塾读书，同时毕业于浙江高等学堂（浙江大学前身），既接受了传统文化的熏陶，又经过了系统的新式教育，成为温州最早一批比较全面又高层次接受西方文化的知识分子。

兄弟俩还同时举行婚礼，一大家子人在马家宅院里拍了张全家福。父亲马寿洛（祝眉）在照片后写下一段题记：民国四年（1915）乙卯十月五日，余长儿孟容与长媳沈氏、次儿公愚与次媳黄氏同日完婚。此照片系余全家福也。时余年四十七，室人年同合。摄影于自家园亭之畔，正黄菊盛开时也。余以为可惜，故特志之。

文脉绵延

百里坊马家是温州的名门望族。

"盖永嘉马氏自清嘉道以来，以诗文书画金石世其家者殆二百余年。香霞拔萃，蔚霞解元，梯如孝廉，兰笙明经，皆有声于时。逮孟容、公愚益发扬而光大之，家学之盛，一时殆无伦比。"1927年，寄寓温州的江西宜黄名士符璋老先生为马公愚撰《公愚印谱序》，这样写道。

清道光八年（1828），马蔚霞高中解元，马家从此声名大振。《清画拾遗》中记载他"善鼓琴，工书及篆刻，尤擅花卉"；其兄长香霞是拔贡，据载也"工诗，擅书，尤擅山水、花鸟"，从他仅存的几件书法作品看，他的字写得滋润朗畅，功力独具之中颇见才子气质。蔚霞之子梯如举孝廉，其孙兰笙也是拔贡。香霞、蔚霞、兰笙都被载入《中国美术家大辞典》。

马兰笙（1834—1909）是马梯如的遗腹子，书法、篆刻、绘画、赋诗、作文，样样精通，尤擅古琴，自称"须知我是爱琴者，一生无日不弹琴"。50多岁时，他刻了一方印章"琴画传家二百年"，自得自豪之情不加掩饰。

1915年马家全家福，后排左起五子马素达、三子马味仲、次子马公愚、长子马孟容、女马智倩、四子马颂平；前排左起次媳黄氏、夫人周氏、马寿洛、长媳沈氏。

马兰笙养育五子一女，经济上并不宽裕，因此他根据几个儿子的性格、天赋，细细安排了他们的人生道路，为人老实的去学雕版刻字，聪明能干的去商铺当学徒，对医学有兴趣的专攻中医内科悬壶济世，能写会画的二儿子马寿洛则继承了马家的书画衣钵。

马寿洛一生大部分时间供职于邮政部门，工余吟诗、作画、弹琴，著有《春晖堂琴谱》，解放后被聘为浙江省文史馆员。他善琴的名声很大，当地文士雅会，诗酒之乐，必定要邀请马寿洛弹琴助兴。《浙江日报》还曾刊登老先生耄耋之年抚琴的照片，长须白眉，神清气定，一派仙风道骨。

马氏双璧

马家真正以书画扬名的，当属马孟容、马公愚两兄弟。

"这是一张尺多宽的小小的横幅，马孟容君画的。"1924年，在浙江省立第十中学（温州中学前身）任教只有七个多月的朱自清先生对温州的山川故旧怀恋不已，写下了一组美文，汇集成《温州的踪迹》一书。开篇之作《月朦胧、鸟朦胧，帘卷海棠红》即是为马孟容而写。那幅"布局那样经济，设色那样柔活，……虽是区区尺幅，而情韵之厚，已足沦肌浃髓而有余"的名画让朱自清足足端详了两日，越看越爱，"看了这画，瞿然而惊；留恋之怀，不能自已。故将感受的印象细细写出，以志这一段因缘"。

晚年不乐仕进的马兰笙，专以书画金石自娱，两个孙子孟容、公愚整日跟随在身边，耳濡目染，打下了扎实的根基。

两兄弟从小到大习惯了同进同退，形影不离。他们共同创办永嘉启明女学，共同参与创设东瓯美术会，共同发起组织永嘉新学会，共同在浙江省立第十中学任教，推动温州的女子教育、美术教育，倡导新文化运动，后又到上海谋求发展，受聘于上海美术专门学校，名扬沪上，人称"马氏双璧"。他们和方介堪、郑曼青等一批温籍名家活跃于中国艺坛，成为海派后期文化的重要力量。

家族中人普遍认为马孟容是艺术天才，他小时候曾经为祖父画了幅肖像，神形毕肖，看到的人都很惊异，无法相信竟是8岁幼童所画。幼承家学，笃嗜书画的马孟容，后来师从温州名画师汪如渊，专攻花鸟，年纪轻轻就颇负盛名。尤其是画花鸟草虫鱼蟹，独辟蹊径，神妙绝俗，时人称之为"马菊蟹"。

马孟容天生一双巧手。一只梨核，他可以随意用指甲在上面刻出鸟兽，栩栩如生；一块泥巴，在他手里也可以像变法一样捏成各种东西。那次，他的儿子马大良还未满月，大良的脑袋特别大，格外有趣，马孟容就坐在床沿上，手里拿着泥土，边看边捏，很快就捏出一个脑袋大大的婴孩的头像，围着看的马家孩子们都欢呼：捏得太像了！

20世纪20年代，温州曾有一次大风灾，马家宅院里一棵很大的梧桐树都被折断了。这样的天气别人自然都躲在家里，不敢出门，可马孟容一大早却顶着风雨跑出去画速写了。很多年后，马孟容的孙子马亦钊整理祖父遗稿时发现了这组速写稿，拿去给祖母看，老人捧着画稿，热泪纵横："我一觉醒来，不知你爷爷何时已溜出去画速写了。他从朔门画到东门，从东门画到南门，又从南门

→

方介堪、马公愚、夏承焘

转到道前桥，还画了省立十中被风吹塌的大门；跑遍温州，画了一大叠速写，高高兴兴地跑回家，画稿用油纸包得很好，可人被大雨淋得像落汤鸡。"

家人每次从菜场上买回活鱼、螃蟹之类，马孟容总说"先放下来，放下来"，然后就对着鱼虾螃蟹观察、写生。他对小鸡也很有兴趣，每年小鸡刚孵出来的时候，他总是左看看，右看看，兴致盎然。他还常立在自家马银潢眼药店门前的路廊下观察在此歇息的小贩。

性格温和的马孟容，不喜言谈，仿佛总是在思考。他的一个习惯性动作就是平时无事的时候，手也会一直不停地动，仿佛拿着画笔在揣摩的样子。马公愚痛惜兄长"过于勤勉，读书作画，吟诗课徒，终日无暇晷，终岁无间日，数十年如一日，以致常患失眠及胃不消化症"。然而也正是因着这份勤勉，他留下了近千页的写生、速写稿。

1926 年秋，马孟容应上海美术专门学校校长刘海粟之聘，任该校国画系教授。当时 30 多岁的他，已经蜚声艺苑，与海上诸名家如吴昌硕、曾农髯、朱古微、王一亭、赵叔孺等人，互相观摩，诗画赠答。蔡元培为其画册题词说："吾国画有文人派和画院派之别，文人之作，大都气韵生动，寄托遥深，而放者为之，或流于疏脱；画院之作，大抵界画精细，描写逼真，而拘者为之，或失之板滞。孟容先生折中两派，兼取其长，诚出色当行，有艺术价值之作也。"

然而，天不假年。正当马孟容在艺术之路上更趋精进之时，1932 年 9 月，体质素弱又患失眠症的马孟容因劳累过度，阑尾炎并发他疾，手术后，心力衰竭，一代英才不幸早逝。

40 年来，马孟容、马公愚兄弟二人"几无一日相离，世间兄弟聚居之乐，罕有如此，乡里传为美谈"。遭此剧变，马公愚伤怀难抑。他常常忆

→
马公愚对侄孙马亦钊的艺术道路有很大影响

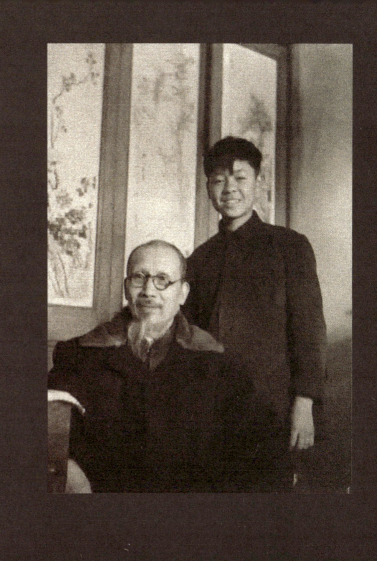

起 1930 年的冬天。那年冬天天寒地冻，大雪纷飞。兄弟二人同居上海斜桥寓庐，终日闭门不出，吟诗对联作画，酬唱应和。那一段快乐的时光啊，户外雪深数尺，一室之内却煦暖如阳春。马孟容说，但愿终生常得此乐。谁料，言犹在耳，人已归去。

一日，马公愚偶然捡拾旧作，却意外地发现了兄长未曾署款的一幅作品。端详着这熟悉的画面，眼泪已夺眶而出，他挥笔在画上补题一首诗："又是持螯赏菊天，联吟联画忆当年。容斋寥寂忽经岁，展读斯图泪涌泉。"

独步海上

"马氏双璧"已失一半，马公愚继续在上海钻研艺术，教书育人。他曾任上海大夏大学文书主任兼国文教授，上海美术专科学校书法教授，著有《书法史》《公愚印谱》等著作。

相比马孟容文静内敛的性格，马公愚就显得活泼多了。他喜欢讲笑话、故事，有他在的场合，气氛会显得特别轻松愉快。还在老宅子的时候，夏天洗完澡，马公愚系条浴巾一走出来，马家小孩子们就呼啦围过来，要听他讲故事。他手里拿着本英文版的《天方夜谭》，边看边讲，讲到生动有趣处，笑声四起；讲到紧张恐怖处，众人凝神屏息。《阿里巴巴和四十大盗》《阿拉丁神灯》这些故事，马家孩子最初就是这样从"二哥"嘴里听到的。

很多人都知道马公愚是著名书画家、篆刻家，其书篆隶真草无一不精，有"艺苑全才"之誉，但少有人知道他精通英语，当年在浙江省立十中时就是英语教师，苏步青、夏鼐都是他的得意学生。

温州那时没电影院，十中从外面拷贝来外国电影，在操场上放映，每次都是马公愚站在台前，

←
马公愚书法作品

↑
仙风道骨马寿洛

→
英年早逝的马孟容

用温州话给大家介绍剧情。既精通艺术又擅长英语的书画家怕是不多，因此，1957 年，喜爱中国画的印度副总统拉达克里希南访华时，也是由马公愚为其讲解中国艺术。

马公愚是古道热肠之人。1924 年 9 月，朱自清已前往宁波任教，妻儿老母仍留在温州。适逢军阀混战，温州居民纷纷疏散，避乱于偏僻山村，气氛十分紧张。朱自清在温州没有亲属，无处避乱。老母幼儿慌作一团，正在这时，马公愚匆匆赶来，要他们立即收拾一下，随同马家去永嘉楠溪枫林避难。朱自清后来写信，对马公愚"于慌乱之际，肯兼顾舍间老幼，为之擘画，不遗余力"，深表感激之情，并赞其"真为今日不可多得之友生"。

20 世纪 40 年代初，马公愚开始专职写字，字越写越多，墨都磨不过来。磨墨是很费工夫的事，不许用大力，要轻轻地、慢慢地磨，力用大了、快了，磨出来的墨有颗粒。女儿马大望柔弱小手磨出来的墨，总是让父亲很满意；寄住在他家的侄儿马大韶最怕的就是被二伯父抓住，让他磨墨、拉纸、磨印章石，这三件差事比起和小朋友在一起玩当然很枯燥了。

马大望是马公愚最宝贝的小女儿，她眼中的父亲那么真实生动："冬天一顶褐色毡帽，一件中式棉袄。夏天光着上身，一条宽大的中式白短裤，系一条腰带。坐着写字时，手臂下衬一张宣纸，最热时，汗水顺着手腕流下。不论春夏秋冬，父亲天天笔耕到深夜。"

马大韶是马公愚弟弟马素达的儿子，虽然挺不喜欢二伯父派给他的那三件差事，可在潜移默化的熏陶下，日后却走上了艺术之路，成为南京师范大学装饰画教研室主任、东南大学兼职教授。他擅长静物花卉、风景丙烯画、水彩水粉及装潢设计等，出版有《马大韶画选》。

中华人民共和国成立后，马公愚应上海首任市长陈毅的邀请，题写"上海市人民政府"，他还被聘任上海国画院画师、上海文史馆馆员。然而"文革"一开始，马公愚就被打入另册，揪斗时他那飘然美髯，动辄被扯，年逾古稀的老人备受摧残。但他对艺术的追求一如往昔，《订正草诀歌》《六体毛主席诗词》等都是他去世前几个月完成的。

晚年的马公愚曾在自己创作的《墨梅图》中题句：满身苔藓半身枯，历尽风霜似老夫。只为花清诗自别，别花能有此清无？——这，正是他自己的写照。

生逢乱世，死于乱世。1969 年，马公愚在上海黯然去世，遗体葬于故乡温州。

祖孙情深

温州著名书法家马亦钊说自己走上书法之路完全归功于家庭的影响。

生于 1946 年的马亦钊是马孟容的长孙。小时候，他和曾祖父马寿洛一起住了好几年。每年晒霉的时候就是马亦钊最开心的日子，因为这时候家里会把收藏的书画作品拿出来晒太阳。马亦钊和曾祖父把这些字画搬出搬进。太阳落山后收回屋的时候，一幅幅字画还要慢慢展开来，用鸡毛掸子掸去霉尘。曾祖父把玩着一张张字画，前尘旧事都上心头，老人缓缓地向曾孙讲解着这些字画的笔法构图，诉说着岁月深处的人和事。古老的宅院里，一老一少的身影映衬在落日余晖中，显得格外安详宁静。

1958 年，年近古稀的马公愚从上海回气候温暖的家乡养病，13 岁的马亦钊从此有机会跟在他身边学习书法，这一跟就是三四年。每天放学后他就跑来给马公愚磨墨、拉纸，看他挥毫、治印。

马公愚写好后便耐心指点：这是什么字体，这是什么形式，双款怎么落，单款怎么落等。他教导马亦钊练基本功，揣摩帖意，"动中求静，静中求动，貌静神动"。他要求马亦钊每天临帖10个字，每字至少写20遍，边写边对照边改正，直到基本形似，再背临几次，检验自己的印象是否牢靠。

马公愚对小事也很认真。他的书如果书柜里放不下，就把书包上皮，放在柜顶。翻阅的时候，也十分小心，不使书籍污损，那些线装书用了几十年还完好无损。他仔仔细细包书皮的样子，小小的马亦钊都看在了眼里。他相信马公愚说的话：爱护书籍也反映了一个人的人品。

马公愚为马亦钊的书斋取名"劳谦室"，亲笔以隶书题匾，还作了小注："劳以戒惰，谦以戒傲，惟斯二者，终身可蹈。"至今马亦钊的书房里还沿墙并排放着四个古色古香的樟木书柜，那是马公愚的遗物。镌刻在书橱上的"公愚藏书"四个隶字，雄健浑厚，饶有碑意。

1965年，是马公愚最后一次来温州。离温前，他给马亦钊留下了这样一张篆字小幅："马家书画世代相传，至今已达二百余年，后之子孙当知继承先人遗业，发扬而光大之也。"

继马兰笙刻了一方"琴画传家二百年"的印章后，马公愚曾自镌印章"书画传家二百年"，凡得意之作，都用此印。到马亦钊这一代时，其业师、著名篆刻家方介堪为他再刻一方印章"书画传家三百年"。

"文革"期间，为了保全祖先的遗作和遗稿，马亦钊连夜整理出祖先遗作而放弃所有其他哪怕是大名家的作品，偷偷将之运出去，他只有一个简单的念头：祖先的遗作不能失去！

在漂染厂当了14年工人的马亦钊，每天劳作结束后，就在昏黄的孤灯下苦练基本功。一分耕耘一分收获，马亦钊后来也成为温州大学艺术学院副教授、西泠印社社员、中国书法家协会会员、浙江省书法家协会理事、温州市书法家协会副主席。他善作四体而尤精于草书、隶书，于静穆中含秀逸之气，浑厚中露轻灵之态。篆刻则上追秦汉，下取明清诸家，其作"秀逸劲挺，自出机杼，为印坛称道"。作品入选《中国新文艺大系》《中国现代美术全集》、"97中日二十书法名家邀请展"等。

马亦钊近20年来致力于家族文史资料的收集整理，并于2013年马孟容、马公愚诞生120年之际，发动家族成员将2000余件藏品和有关资料、实物无偿捐献，协助有关部门建起马孟容马公愚艺术馆，为温州这座城市再添一处文化景观。

"许云章" 的前世今生

周 红

这帧泛黄的照片，大约摄制于 1919 年后，算起来已有百年的历史。四位穿着时髦的青年，和当年五马街最高的建筑——许云章绸布店店招合影。据"许云章"主人许漱玉的后人辨认，照片里的人物应该是店里的店员。清晰可见的"许云章"，是 1919 年建成的温州标志性建筑，是温州当时商业繁华的佐证。

"许云章"是一座曾经轰动温州商界的大型商场，钢筋水泥结构。尽管楼高仅三层，但在周围一片低矮破陋的屋子中间，称得上鹤立鸡群，独领风骚。而照片左上角的那盏壁灯，则表明普华电灯公司已经向五马街一带供电了。

可以说，这帧照片彰显了温州百年商业的繁华，那么照片的主人是谁？照片里"许云章"的主人是谁？他为什么在五马街建设这座地标性建筑？

店招出自许苞手笔

这帧在各类媒体上发布过的照片的原片，保存在市区任宅前余闲书店主人杨瑞明手里。泛黄的照片，边角已然残缺。他确认"许云章"这几个漂亮的字，是出自瑞安书法家许苞的手笔。

杨瑞明是温州一位知名的藏家，他自称自己的收藏很杂，什么都涵盖，只要与温州有关，体现温州历史文化的东西，他都有兴趣。

杨瑞明是温州商业奇才杨雨农的孙子，他从爷爷那里承继了经商的天分，也承继了收藏的爱好。虽然他因为成分原因，仅初小毕业。但他办过厂、开过装修公司，现在在做养老行业。20 世纪 80 年代他手头有了闲钱之后，开始进入收藏界。"收藏不是养活我的营生，它是我此生的爱好。我会量力而行，更会持之以恒。"

杨瑞明之所以对这帧照片感兴趣，源于照片上的"许云章"这几个字。他在一家旧货店里翻书，不经意间发现了这帧照片，他一眼认出店招出自许苞之手，于是想收购。当时温州收老照片的人不多，老照片的收藏热还没有兴起，店家开价 50元。杨瑞明没有还价，就以这个价格购得这帧照片。

← 许云章绸布店是当时五马街上的最高建筑

←
许漱玉

→
许漱玉全家福

许漱玉

"收藏就是一个缘分，有的东西得来很不容易，而这帧照片，我是偶然得之。当时真没有想到它是那么珍贵，那么有价值。"

学徒许漱玉

许云章绸布店的主人许漱玉是一个很有经历和故事的传奇人物。

1892年春，江南草长莺飞。一名13岁的少年郎带着行李，乘坐温瑞塘河夜航船，悠悠然摇进温州古城的水巷。他就是瑞安人许漱玉（1880—1967），名普珊，以字行世，后成为开创温州百货业的巨擘。

那年，许漱玉因家中贫寒，念了几年私塾后，经亲友介绍，进温州"益大"布店做学徒，拜经理陈禹延为师学生意。

当过学徒的人，都知道个中的咸酸苦辣，不仅起得早、睡得迟，还要帮助老板做各种杂活。可许漱玉吃苦耐劳、勤奋好学。三年学满出师后，他又给布店老板当店员，很讨店老板喜欢，常派他赴沪办货。

本来，小日子就这样平静地过着，可许漱玉并非池中之物，一次大胆的决定，让他的命运为之改写。

一次，许漱玉见一批失水的布料在做削价处理，他没有来得及和老板商量，就大胆地"吃"进200匹。可货抵温后，老板却大发雷霆，认为进失水布不仅有失商店声誉，而且卖不出就要亏本。师徒首次发生激烈的冲突，相持之下，老板说："如不退回，由你去卖，盈亏自负！"许漱玉无奈之下，只得咬紧牙关买下这批布，他许诺，布款于端午、中秋二节分期付清。

许漱玉吞下自作主张的"恶果"后，即开动脑筋。他先按照一般男、女成人做长衫所需尺寸，将布料化整为零，裁为几段，染成蓝色。接着，他起早摸黑，披星戴月，走街串巷，上门推销。没多久，200匹"失水布"一销而空，未到中秋节，便将货款全部还清，而且净赚了200块银元，这是他掘到的"第一桶金"。

翌年，"益大"老板因为心存芥蒂，不说任何理由，就将许漱玉解雇了。从由"失"转为"得"的经验中，许漱玉也意识到自身的经商潜力，他凭着与上海布商的交情，经常往返于温沪航线，做起贩布生意。几年之后，在五马街曹仙巷租房开设"许云章"布店，招收学徒，当上了小老板。

五马街最高建筑

常跑上海码头的许漱玉对黄浦江外滩、南京路的繁华十分钦慕。作为温州人，许漱玉的血液里，天生就流淌着经商的细胞，他独具慧眼，断定五马街是温州百货业的发展中心，立志要在这里打造出标志性的商业大楼，让古老的五马街改变模样。

1919年，许漱玉已经有了一定的资本积累，于是倾其所有，在老店铺的左右两侧分别买下10间平屋店面，连为一体，改建为三层楼房，仿效上海南京路老九承绸布店模式进行装潢，题名"许云章"。这是五马街首次崛起三层洋楼，俨然上海大店气派，轰动一时。

时至1923年，许云章绸布店资产已逾10万银元，许漱玉便雄心勃勃地扩大经营范围，决意跻身百货业。1925年，他不惜重金买下周边王家祠堂的一片旧屋，建起钢筋水泥楼房，建筑模式极为考究，屋内柱端及屋顶均堆砌花纹，店面又仿上海"欧式"建筑，耗时两年竣工，并将商

↑
中央大戏院

店改为博瓯商场，又一次轰动温州城。开业之时，许漱玉破例收取破损银元（俗称"打戳"银元，一般贬值10%），宁愿自己吃亏，却树立了商家信誉。

许漱玉之举，带动了五马街诸商家。此后，一幢幢高低不一的楼房相继崛起，南侧的河道被填平扩建为平整的大街，市面也日趋繁荣。

博瓯商场与许云章绸布店双峙于五马街，气势磅礴，营业鼎盛。许漱玉此时除了以该二店为主要支柱外，还先后投资开设漱成织布厂、公益洋货行、庆丰钱庄，在上海开设申云翔、源丰翔洋货行，在杭州开设大昌绸庄，还与人合伙开设鹿城布厂、华孚洋货行、聚康钱庄等，不仅经营百货业，还涉及纺织业、金融业等，资金积累远非其他商家所能比。

1933年，许漱玉虽已年逾"知天命"，仍精力充沛，欲营造更大的楼房，即在"许云章"与"博瓯"两店后面买下旧房30间，建起一座钢筋水泥楼房，且将原先砖木结构的楼房翻修为钢筋水泥楼房并连为一体。建材以进口为主，装潢颇为考究，柱端及屋顶均堆砌花纹。立面处理则利用大小凹凸面，采光效果良好。然后又将沿街店面加高至五层，以细沙石铺面，成为当时五马街最高的建筑物，似鹤立鸡群，显得格外雄伟。其规模虽无法与今日之高楼商厦相比，但在当时的温州确是惊世之作。有外地商客赞曰："杭州、宁波、金华等地，均未见有如此雄伟之建筑。"

引领温州时尚

经过不断扩建、改建，许漱玉打造出了浙南闽北最大的综合性商场，犹如今日的购物中心（超市），取名"云章博瓯万物联合大市场"（简称"云

博商场"），营业范围之广、营业额之巨为浙南首屈一指。商场还设有茶室、剧院、餐馆，经营商品种类繁多，第一层（底层）绸布门市部有各种呢绒、绸缎、布片；百货门市部有化妆品、服装、鞋革；第二层有钟表、唱机、文具以及烟酒、糖果、糕点、南北货（食品），还有五金交电等，真是琳琅满目，应有尽有；三、四层建影剧院，取名"中央大戏院"（今大众电影院），既可演舞台剧，又可放电影，为温州第一家新型的电影院。屋顶平台以石英砂铺面，添置大理石小圆桌，设立茶室，供应当时罕见的沪产汽水、啤酒、蛋糕等，夏日可在此纳凉，鸟瞰全城风光。

许漱玉在百货商场中开设了大戏院，以戏剧、电影招徕顾客。三楼剧院场地宽敞，许漱玉决定招标办餐馆。此时有位青田归侨叫陈建南，在国外也开饭店，便前来承租餐馆，因其妻为意大利女郎，擅长做西餐，为此取名"意大利餐馆"，专营西餐、洋酒。此乃温州开西菜馆之创举。刚开始招牌醒目奇特，格外招人，生意红火。可没多久，温州人吃不惯西餐，况且开销又大，便慢慢冷淡下去，最终还是转让给本地人金德生等合伙经营，主要经营中餐。

许漱玉为把这家商场改建为温州第一流新颖商场，煞费苦心。他亲率建筑师傅去上海参观先施、永安等公司的建筑格局、基础设施、室内装潢、

→
千年古街五马街

一百商城

门面摆设，然后周密设计，所用建筑材料挑选优质产品，钢筋水泥全部用进口货。在兴建商场中，认真监造，使建造的房子质量上乘。同时，他还注意商场外部环境优美，促使五马街逐步成为温州最繁荣的商业区。

抗战爆发后，由于德、日、意三国结成法西斯联盟，并发动第二次世界大战，温州学生出于爱国义愤，在抵制日货、捣毁"东洋堂"时，又去冲击"意大利"餐馆。许漱玉、金德生惊慌不已，请地方官员一起来劝导学生，不要捣毁店堂，且主动摘下"意大利"招牌。新任的温州地区专员黄远秀提议，将"意"改为"华"，便成了"华大利"（后迁至广场路）。一字之差，意义非凡，不仅表示同仇敌忾，还深含中华民族抗战必胜，赢得一片叫好声。

在竞争激烈的商战中，许漱玉讲求信誉，从不出售假冒商品，善于运用广告宣传，巧妙设计橱窗陈列，薄利多销，适当利用减价、摸彩等方法招徕顾客，讲究服务态度，殷勤接待，迎送有礼，大小生意一视同仁。

原在"博瓯"商场当学徒的黄先生说：许漱玉经商很有创新意识，当时温州有一些外国人居住，许老板雇用会英语的店员，接待外国人进店购货，双方便利，这也是我市商行之首创。那时，温州未流行普通话，他勉励店员学会讲多种方言，自己常在店堂接待顾客，也学会了闽南话、上海话、北京话等，且十分流利，为招待四方客商带来极大的方便。

许漱玉的创新在于从不跟在别人后面亦步亦趋，而是创造自己独特的经营方式。他对新潮产品极为重视，但又不盲目进货。他有自己的理论：上海、杭州刚流行的时髦衣料，温州人还不敢穿，不能进货。待上海、杭州人穿得满街跑，上海人

来温州露了脸，这时就得大批进货。时髦货他进得最及时，当时市民都说："只有许云章有时髦货。"当别的店学样进货时，许漱玉早已销出一大批，他即削价出售，在经营上做到"你无我有，你有我廉"，使许多店家望尘莫及。

老店焕新颜

许漱玉出身贫寒，致富后不忘回报社会，热心公益。20世纪20年代，温州育婴善堂需翻建新楼房，许漱玉一次就捐500银元；瑞安仙岩寺年久失修，他即捐款200银元，重建朱熹为仙岩题名"溪山第一"的牌坊，还拓建了寺院的池塘、道路等。

抗战时期，永嘉战时青年服务团成立，许漱玉即把新建的中央大戏院无偿借给抗日团体，举办抗敌讲座和演剧宣传。店员中一些青年参加地下党，或赴皖南参加新四军，他持默许态度。全县查禁日货，商场从未私藏或偷售。

1944年，温州第三次沦陷时，中央大戏院被敌机炸弹所中，因原建筑设计周密，材质坚固，故伤损甚微，仅炸掉了最上面一层。

虽然商场没有遭受很大破坏，但经此一役，许漱玉萌生了退意。当时，国民党极其腐败，苛捐杂税繁重，许漱玉未免心力交瘁。困乏了在商海的拼搏是他收摊的最大理由，个中当然还有私人的原因，他投入了很大心血培养的两个儿子，长子许兆鸿偏爱文学、书画，二子许思言更是离经叛道，痴迷上了京剧，都无意经营家族商业。生意没有了接手人，年事已高的许漱玉被迫歇业。他变卖了商场的货物，带着40万大洋，于1945年离温，寓居上海，商场、房屋交长子许兆鸿看管。

许漱玉的后人回想起往事的时候，虽对家族

商业没有得到承继、延续、扩大，不免有所遗憾，但又在遗憾中存了一份庆幸——幸亏生意在那个时候就结束了，没有和国民党政府有过多的瓜葛，使许家在解放后能安然度过一次又一次的政治冲击。

许漱玉有两房妻室，大房有一子三女，当年居住在五马街商场的顶楼，二房有一子一女，他另觅居所，把他们安排在今纱帽河一处院落居住。

许漱玉对子女的要求非常严厉，其孙许世滋回忆起爷爷，印象最深的就是他的威严。1965年，许漱玉从上海回到温州，在长子家居住。许漱玉禁止儿孙玩当时流行的打扑克等无聊把戏，可不让孩子们玩，他们就更想玩，于是偷偷摸摸在楼下耍。80岁高龄的许漱玉会蹑手蹑脚地下楼，看见孩子们在玩扑克，立马一手杖扫过来。他对儿孙有很大的期许，只想他们能好好念书。

酷爱文学、书画的长子许兆鸿，收藏颇丰。"文革"结束后，他曾将自己部分珍贵书画捐献给了温州市博物馆。

许家的后人，虽然在某种意义上都辜负了许漱玉的心愿，使经商一脉从此断绝，但其实他们在各自的岗位上，都积极进取，成为有一技之长的人物。尤其值得一提的是当初令许漱玉心灰意冷的二子许思言。

许思言（1918—1987），原名许铁生。少年时代便喜爱上京剧并展露天分，得到京剧名家郑剑西指点。中华人民共和国成立初期，为配合土改宣传，在温州编导了《九件衣》，于当时的中央大戏院演出，颇具反响。1951年起，任上海人民京剧团（上海京剧院前身）编剧。1956年底，他创作的《七侠五义》一炮走红。后因创作《海瑞上疏》一剧备受摧残，拨乱反正后任原职。

许思言的代表作有《老生流派讲话》《东郭先生》《红旗魂》《劫皇纲》《七侠五义》《海瑞上疏》等40多部京剧剧本，对弘扬京剧艺术做出过重大贡献。同时，他十分关注家乡的艺坛，曾出任温州京剧研究社名誉社长。

中华人民共和国成立后，许漱玉的商场历经了公私合营的道路，后来，温州市人民政府以云博百货商场为基础，开设国营百货公司，即现在的"温州一百"。经过几十年的经营，一百在温州人的心目中，树立了不可取代的商业公信，如今被授予"中华老字号"称号。老店在新的历史时期焕发出新的魅力。

卧牛山下农家子

施菲菲

86 年前，苏步皋、苏步青在杭州孤山拍摄了一张合影，而那一年（1924），正是苏步青考入日本仙台东北帝国大学数学系的年份。

卧牛山下的农家两兄弟，以勤奋苦读成才，凭坚韧不拔的意志走向成功。

棣萼联芳

苏步青父亲名祖善，字心田，是腾蛟苏氏始迁祖怀泉公的第 10 世孙。因为家里只有两亩薄田，又育有 13 个子女，在当地家境不算宽裕。但他明事达礼，对两个儿子寄予厚望，为供儿子上学读书，他与妻子含辛茹苦，倾囊而出。他给儿子取名为步皋、步青，希望他们两人日后能平步青云，出人头地。

苏家子裔，不负众望。"先生夫妇白首偕老，云骞昆仲棣萼联芳"，这是 1928 年，时任温州省立第十中学（温州中学前身）校长刘绍宽写给"心田公暨德配林夫人七秩双寿序"一联对子。文章洋洋洒洒一千多字，盛赞苏祖善先生"虽自少农业未尝读圣人之书而立身处世无违于圣人之教""甘心苦作，竭力培植"两个儿子成才的行为，在当时"足以风世励俗"。

据苏氏宗谱所记，那年苏家两位老人七十寿辰，门庭若市，温州社会各界名流贤士都来庆贺。在族谱中还可以看到民国时期政府军政部政务次长兼兵工署长张群、民国时期河北省政府委员兼建设厅长工学博士石瑛、民国时期浙江教育局局

←
苏步青、苏步皋两兄弟在杭州孤山合影

↑
苏步青

长沈钧儒、上海时事新报社长黄群等人的贺辞。

当时苏家只是平常农户人家，如此令人刮目相看，是因为苏步皋、苏步青的"棣萼联芳"。

化工才俊

苏步皋小时天资聪颖，读书过目成诵，作文下笔成章，先后以第一名毕业于平阳县立第一高等小学和温州省立第十中学。因为"敏于思勤于学"，深得学校诸师长器重。当时十中教师认为平阳步皋步青（苏步青当时也在十中求学）"昆仲联璧"，可与"眉山昆仲"（苏轼、苏辙）相媲美。所以步皋与步青两兄弟能在家境贫寒，无法继续深造的情况下，得到惜才如命的校长洪岷初及师长们资助，获得赴日留学的机会。

苏步皋考入日本著名学府——东京工业大学应用化学科，因为学业拔群，品性善良，获得该校"创立25周年纪念奖"。1922年学业完成后，先在日本王子纸厂、日本纸器株式会社等处实习，两年后回国。曾经在上海竟成造纸厂、杭州武林造纸厂任工程师，后任上海兵工厂制药厂技师兼代主任，负责制造无烟火药，供应北伐战争。

不久因为父亲逝世，他离职返回平阳，侍奉母亲。1935年，因为地方再三邀请，他担任平阳县政府建设科科长，供职五年期间，为建设乡邦，不遗余力。直到现在，平阳人还没有忘记苏步皋为集资筹建全县乡村电话而奔走劳顿之事。笔者在腾蛟采访时，苏氏族人苏尔佃先生指着横跨在带溪两岸的长桥说："苏步皋任平阳建设科科长时为家乡筹建了这座在当时规模宏大的工程，给因为大溪阻隔而交通不便的乡亲带来福音，带溪两岸的百姓感激不尽啊！"

抗战时，苏步皋正任浙江省铁工厂工程师，当时沿海地区遭日寇封锁，他创制的人造汽油，解决战时油源紧张的困难，受浙江省政府颁发的奖励，并升任浙江省铁工厂厂长。在任期间，他创制的"三酸烧碱"对军用工业和民用工业的贡献巨大。

抗战胜利后，台湾光复，苏步皋应台湾省长官公署的邀请，渡过海峡，赴台受职。在《平阳县志》人物卷上这样介绍苏步皋去台湾后的经历：

↗
苏氏宗谱

→
苏步青故居

苏氏宗祠

抗战胜利，受聘到台湾，供职林业试验所，后历任台南油料厂、沙鹿油脂厂、南港橡胶厂厂长、工矿公司化工部总工程师、烟酒公卖局技正。在台湾，手订"劳资互惠制"推行于20余厂。连续10年率团查公卖局所属厂矿业务，建议实行兴革事宜等，对台湾经济发展起到一定的推动作用。1966年退休后，以文章诗词自娱。

大陆解放后，苏步皋一直无法与家乡的兄妹取得联系。他与人谈起少年时读书的情景，忍不住潸然泪下：父亲送我到平阳县、温州城读书，亲自为我挑送行李食物，跋山涉水，两肩流血，却宽慰我说"使汝长而有成，吾甚乐此而不觉苦"。

直到1987年，苏步皋、苏步青兄弟才通过在美国的同乡杨忠道院士取得联系。苏步青心情激动地写下了一首诗，抒发手足亲情的两地牵念：

河淡星稀夜色幽，一年容易又中秋。
共看明月思千里，欲御长风蹴九洲。
丹桂空传薰玉宇，嫦娥应悔老琼楼。
何当携手团圆梦，销却茫茫两地愁。

1991年，苏步皋因急性心肌梗死于台湾新店市耕莘医院逝世，享年95岁。

数学巨匠

苏门的荣耀更因为"东方数学明星"苏步青的灿烂光环。

1917年7月苏步青以优异成绩从温州省立十中毕业。中学阶段，苏步青在数学上崭露头角就曾经引起校长洪岷初先生的关注，他鼓励苏步青发奋图强，争取到日本留学："你毕业后可以去日本留学，我一定帮助你。"当已调任教育部工作的洪先生得知苏步青获得十中"首席毕业"荣誉时，又慷慨解囊，让家境贫寒的农家子弟和他的哥哥一样，圆留学报国之梦。

1920年3月，苏步青以总分第一名的成绩考入日本东京高等工业学校电机系，他希望自己能成为一名为民造福的工程师。"东京地震连天火，从此弃工去学数"，东京大地震，苏步青只着一身单衣从废墟中逃生，几年中的学习笔记、辛辛苦苦收集的大量资料全化为灰烬，沉重的打击让苏步青大病了一场，工程师梦破灭了，少年时代就埋藏在胸的数学家之梦此时却复苏。1924年，他又以"头名状元"成绩迈进了仙台东北帝国大学的校门。

仙台春来樱花浪漫，秋至枫叶如火，但苏步青的心目中，只有数学迷宫中的那些等式和符号，它们的魔力紧紧攥住这位来自中国的年轻留学生的心。在仙台东北帝国大学，苏步青终日伏案苦读、演算，解开一道又一道数学难题……

"我发现意大利的几何学是世界闻名的，而自己不懂意大利文，思考再三，我下决心学意大利文，我有过向房东老大娘学日语的经历，这次我找了一位意大利神父……我每天晚上都到神父家听课，风雨无阻。"日记中的细节，展现了这位在数学王国驰骋的学子孜孜以求的精神。

据日记内容所叙，年迈的神父要选接班人，他看中了勤奋有志向的苏步青，不料却被拒绝。神父十分惊愕苏步青竟然放弃这样一个好机会，说：只有宗教才能拯救人类。苏步青则回答：只有科学才能造福人类。神父不无遗憾地感叹：孩子，你把数学当作自己的宗教了，你去努力吧！

这个立志于献身科学、视数学为宗教信仰的学子，他的成就也是惊人的。他在完成学业的同时，写了大量论文，发表在日本、美国、意大利等国家的数学刊物上。在微分几何方面，他取得令人瞩目的成果。他的《关于费开特的一个定理的注记》发表在日本学士院纪要上，在东北帝国大学引起轰动。1931年，苏步青获得日本理学博士学位，他是在日本获得这个学位的第二个外国人，第一个获得的是他的学长陈建功。当时中国、日本的报纸都在醒目的位置刊登了中国这两位留日学生所获得的成就。

获得博士学位后，日本的一些著名大学以及国内的北大、清华、厦大都向苏步青发来聘书，而学有所成的苏步青却心有所系，他的留学是为了强国兴邦。他早就与来自浙江绍兴的师兄陈建功约定：学成后回原籍浙江，到浙大教书，共同努力，花20年的时间，把浙大数学系办成世界一流的学科。

1931年，苏步青一袭布衣，手提竹笈走进浙大，在陈建功任主任的数学系任教。两年后，由陈建功力荐，苏步青担任浙大数学系主任。

苏步青与陈建功两位数学大师计划在浙大培养一批中国杰出的数学英才，他们采用课堂教授与课外讨论结合的教学方法，培养了一大批数学精英，形成了国际数学界公认的"陈苏学派"。

痴心于数学的苏步青在教书育人的同时，继续从事最前沿数学课题的研究。他足不出户兀兀穷年，埋头在点、线、面组成的微分几何世界中。他借助平面曲线可表奇点的几何结构，清楚地将射线微分几何的理论完整地展示出来，为这一学科别开了生面。仅几何方面的专著就出了12本，论文发表160多篇，一些成果被命名为"苏氏定理""苏氏曲线""苏氏二次曲面"等，还有许多理论被应用于科研实践中，取得可观的经济效益，他被同行誉为"东方第一位几何学家"。

1935年，中国数学学会在上海成立，苏步青被选为理事，并担任《中国数学会学报》主编。而华罗庚被苏步青选去任学报的助理编辑。后来苏步青成为中国数学会的副理事长、名誉理事长。

1952年，苏步青调到复旦大学，先后担任复旦大学教务长、数学研究所副所长及所长、复旦大学副校长及校长。

在浙大已形成传统的数学讨论班，被引入复旦，而且很快形成风气，除了苏步青主持的微分几何讨论班外，积分方程、代数、分析等方面的讨论班也纷纷成立，复旦的科研气氛在苏步青的倡导下非常浓烈。这种讨论会被作为学术研讨的经验，在全国高校中宣传推广，影响不小。后来在各自研究领域都获得重大成就的著名数学家谷超豪、胡和生、李大潜等人都是当年复旦苏步青主持数学讨论班的骨干。

苏步青以"毕生事业一教鞭"为荣，他从事教育工作70年，桃李遍天下。2001年复旦大学举行"苏步青百岁华诞暨回国执教70周年"庆祝大会时，参加会议的学生中，中科院院士就有15名，苏门弟子张素诚、白正国、熊全治、王元、谷超豪、胡和生等都是当前我国数学界的精英。

苏步青百岁寿诞时，江泽民、朱镕基、李岚清等国家领导人都送来庆贺花篮。

苏步青于2003年3月17日逝世，国际工业与应用数学大会在2003年8月设立了"苏步青奖"，这是国际数学界第一个以我国数学家名字命名的国际数学大奖。

鳌江走出的王氏子弟

施菲菲

照片上的六位年轻人是平阳名绅王理孚先生的六个儿子。

王理孚（1876—1950）是鳌江开埠先驱。早年曾从政，宣统元年（1909）当选为浙江咨议局议员，后历任平阳县参事、鄞县知县、浙江省议会第三届议员等职。1917年卸任鄞县知县后，致力于发展乡邦工商实业。一生主要的业绩是开发南麂岛，集资2万元建立南麂岛渔佃公司，置船护航，筑沧浪草堂，苦心经营20年，使南麂岛由寥寥数十人的渔村发展成为一个建制乡。

他的六个儿子人生也个个精彩，是鳌江坊间流传了半个多世纪的美谈。这张1930年在鳌江祖屋前留下的合影，从左到右分别为载昌、载桓、载杕、载友、载纮、载彤。

德才兼备的掌门人

在鳌江，有一条街名叫"广源街"，这是市民为纪念当年"王广源商号"的繁荣昌盛而留存至今的文化符号。

说起王广源商号，人们会从记忆中寻找出"王文川"这位善于经营，富有开拓精神，德才兼备的掌门人。

王文川名载彤，是王理孚二子，毕业于浙江省甲种商业学校。23岁那年秉承父亲王理孚的旨意，继承祖业，开办王广源商号。最初，王广源商号在鳌江上埠的踏碓巷开业，只是在本邑范围内经营南北货，虽然凭诚信的理念，以物美价廉的优势，深得顾客青睐，生意日益兴隆，但王文川不满足于这种小打小闹，他在图谋更大的发展。他把目光投向航运。

一个好机会成全了王文川拓展家业之梦：1924年，一宁波商人因为敬慕王理孚在宁波鄞县做知县的良好声望，请"王广源"做上海达兴轮船公司在鳌江的代理商，经营"光济"轮船，鳌江与上海之间的航运大业由此开始。

为了发展航运，王文川主持在上埠建轮船码

王理孚的六个儿子（从左到右依次为：载昌、载桓、载栻、载友、载纮、载彤）。

和樂之家庭
作扵乙亥
春日山
茶花
含笑滿樹
其爛熳
正未可量

1935 年王理孚 60 岁摄于鳌江祖屋花园，"和乐之家庭"系王理孚手迹。

头与栈房，还附设报关行。到1926年，鳌江的"三江""福州"等航轮南达汕头、香港，北通大连、营口等地。

航运业的发展，使平阳全县经济实现从封闭式到开放式的转变，商业地位一下子提高了，电报局、海关、银行、电灯公司、印刷厂、照相馆等应运而生，鳌江的经济出现空前的繁荣。抗战时，人们称鳌江为"小上海"。

富有经商头脑和拓展胸怀的王文川多方设法振兴平阳经济，在开通航运的同时还殚精竭虑，不辞辛劳地图谋家乡经济的再繁荣，又创办了碾米厂、蛋行、清明化工厂、瑞星酱园等企业，还开拓了豆饼、肥田粉、茶叶、陶瓷、花纱布等行业的经营。特别是经营和开发明矾上，是王文川振兴家乡经济的一大胜举。他精心运作，设馆收购明矾矿，分级加工，标上品牌，装船外运。将平阳矾山（今属苍南）的矾矿生产升级，一举发展到鼎盛状态。当年，"王广源"创设的"虎标"牌大明珠明矾远销香港、新加坡、马来西亚等地，还在巴拿马博览会上得奖。在东南亚一带"虎标"牌大明珠明矾享有很高的国际声誉。

王文川除了在商业经营上功绩显赫以外，还像父辈那样热心社会公益事业，热情扶植地方的教育、文化事业。修桥、开井、资助鳌江公学，为抗战时开办的平阳临时中学捐款，在乡里有口皆碑。抗战时，王文川认购爱国公债，其数量为浙江省第一，当时的上海《申报》和《新闻报》都作了专门报道。

王文川因积劳成疾，不幸于1944年1月病逝。王理孚先生痛失爱子，作祭文《祭亡儿载彤》感怀儿子的作为："幸汝能体余之志，用其所学，绍祖宗百年既坠之绪，辟南北万里未通之路，使江村寂寞一变而成都会，气象日见其翕皇。人言汝所成就……已可以破平阳设邑以来之天荒……积资累万，而室无私藏，其光明正大之心地，有足以风薄俗而激发天良者……"

人们称王文川是一位光耀平阳的出色民族企业家。

研究严复第一人

如果说王载彤是商界翘楚，那么王理孚的三子王载栻（后名为王栻）则是学术界的精英。他是南京大学硕士研究生导师，研究中国近代史的著名专家，中国研究严复的第一人。

1935年，王栻（字抱冲）从清华大学历史系毕业以后考上该校研究生，专攻清史。抗战爆发，他与在京的几位温籍大学生回到家乡平阳，组建"平阳青年抗日救亡团"，将京城的抗日之火引燃到江南小城，使平阳青年的抗日救国运动如火如荼地开展起来。在平阳临时中学任教时，王栻特地开设《国耻课》，以激发学生的爱国热情。王栻与他的共同志向者陈德煊、王祥第等人办报纸、办学校，在平阳抗战史上留下了辉煌的一页。

清华毕业后，王栻曾在温州师范学校任教，后为南京金陵大学教授。中华人民共和国成立后，王栻一直在南京大学历史系任教。他一边教学，一边钻研学问，撰写科研论文、著作等。20世纪40年代发表了《汉代的官僚》《谈清代的考试制度》《慈禧太后传》等论文和专著；60年代发表《维新运动》上下册等专著。王栻晚年投入最多精力的是对中国近代启蒙思想家严复的研究，写成《严复传》，于1957年2月由上海人民出版社出版。这是中国历史上第一本完整论述严复的专著。

因为王栻是中国研究严复第一人，1962年中华书局特地邀请他编辑校订严复的全部著作，准备出版《严复集》，不料因为"文革"，这项工作被迫停顿。"文革"后，王教授又带领南京大学中国近代史研究室的部分青年教师，夜以继日地投入这项文化工程。1986年，中华书局出版了由王栻主编的《严复集》，全书共五册，约120万字。只可惜先生此时已逝世，没有见到他苦苦经营了几十年的巨著问世。

王栻与夏鼐是莫逆之交，两人在温州中学读初中。毕业后，相约考入上海光华附中，后来又在清华大学历史系相遇。在清华校园里，他们经常一起切磋学问，一起休闲散步，情同手足。夏鼐如此评价王栻：此君敏而好学，在同乡中首屈一指。1983年王栻在南京病逝，北京的夏鼐托人送来花圈，并撰挽联悼念：三千里外凶闻，岁首成佛成仙，著史宏才君未尽；五十年来风雨，交情胜金胜石，伤心老泪我无多。

王栻在66岁时写了一篇《我所知道的父亲》被国家图书馆收藏，并编入《北京图书馆珍藏本年谱丛刊》第197册，附在《王海髯先生年谱》之后。

术业专攻各有所成

王理孚的长子载昌由北京国立陆军军需学校毕业，曾任浙江省防军军需处处长。

四子王载友（字孝于）由上海法学院法律专业毕业，因病，一直在家休养。

五子载桓（字小同）1938年毕业于北洋大学矿冶专业，中国著名金属专家，曾任教于上海交通大学和西安交通大学，被科学界公认为中国耐磨材料领域的第一代学术领头人之一。

1942年王小同抱着实业救国的意愿在温州城区创办清明化工厂，担任该厂董事长，温州清明

↑
王栻

化工厂是浙江省最早的三大化工企业之一。1952年到上海交通大学，担任筹建该校金属材料专业的任务，1963年王小同成为全国首批研究生导师。

王小同的儿子王孙安在他的《只问耕耘，不问收获》一文中如是描述他的父亲：我们的父辈有"穷则独善其身，达则兼济天下"之风……当时（抗战时期）我三伯父（王栻）在平阳青年抗日救亡团任理事长，自筹经费出《战报》，后扩大为《平阳日报》。伯父和叔父王载纮创办了平阳临时中学，从该校走出了许多新四军战士。而我父亲那段"资本家"经历在后来历次政治运动中却给他带来许多冲击，实际上，这是一批爱国知识青年，在不同领域为家乡、为国家、为抗日尽自己的力量和责任，他在走"实业救国"的道路。

六子王载纮，西南联大毕业，曾任轻工部设计院研究员，长期从事油脂化工、日用化工的研究设计、译著工作。抗战时，曾为振兴家乡教育，在危难之中接任鳌江小学校长职务，并协助哥哥王小同创办清明化工厂，实现"实业救国"的宏愿。

中华人民共和国成立后，王载纮受邀到北京轻工业部生产技术局工作，他主要从事翻译化工专业的世界名著工作。王载纮原先学的是英语，后克服重重困难，自学俄语，孜孜不倦伏案工作，译成《油脂制备工艺学》《油脂加工工艺学》《植物油生产理论基础》《合成洗涤剂和清洁剂》等数百万字的外文书籍，编撰成了一本260多万字的《日用化工理化数据手册》，审校了《油脂化学》等20多部上千万字的译作。1966年2月出版的《植物油生产理论基础》直到今日仍然是我国大专院校的一本重要教材。

王载纮与同是鳌江名门出身的宋爱兰演绎曲折缠绵的爱情故事感人至深，被媒体报道，被邑人传颂，称其为鳌江版的"罗密欧与朱丽叶"。

王理孚有16个孙子，8个孙女，他们大多是专家学者、大学教授。其中王孙旦、王孙禹、王孙安三人享受国务院特殊津贴。

王孙禹是中国工程教育的领航者。1982年从清华大学电机系毕业后留校，长期从事高等工程教育、教育经济与管理领域的教学与科研任务，担任清华大学教育研究院学术委员会主任、清华大学工程教育研究中心副主任等职。获国家级教学成果奖和教育科学优秀成果奖多项奖，是清华大学教育研究院德高望重的博士生导师。

王孙旦1964年从同济大学毕业后，被挑选到中国人民解放军总后勤部建筑设计研究院工作。1996年担任研究院总工程师，享受国务院特殊津贴。2001年晋升为文职少将，担任总后勤部建筑设计研究院顾问总工程师。

王孙安1957年在上海出生，跟着从上海交大转调到西安交大的父亲王小同。1989年在西安交大获博士学位后留校，为该校教授、博士生导师。王孙安的科研特色是注重将理论科研与工程实际相结合，主持完成多项经济建设和国防建设的应用型科研任务。创建了西安交大的工程训练中心，这个以培养学生的创造性探索为目标的科研机构居国内领先地位，2005年获高等教育国家级教学成果二等奖。

王来棣是王载彤的女儿，1947年在浙大加入中国共产党，后任浙江大学党总支书记。在三叔王栻的影响下，她也走上了史学研究之路，专门从事中共党史的研究，是中国第一位系统地以访谈中共创始人的方式研究中共建党历史的学者。经过几多波折，王来棣的《中共创始人访谈录》终于2008年得以出版。作品问世后，社会反响良好。

王理孚孙子、清华大学工程教育研究中心副主任王孙禹说：王氏家族有一本《王理孚家谱》，首页便是爷爷留给后辈的家训："家庭不以勤俭自励，不自艰难处着想，未有不败者……特望尔曹各作端正之人，自强不息……"所以"勤俭自励，敏而好学"的家风一直在王家传承和延续。检视鳌江王氏子孙的人生履历，不能不说他们的确都有显著的相似之处：敏于开拓，勤于职守，勇于担当。

开元巷洪氏八俊

施菲菲

2017 年秋，洪水平先生的回忆录《世家子弟》出版，他听从设计师的建议，以居住在太平巷大屋的四房头的八个"式"字辈兄弟在大门口席地而坐的这张老照片作封面。照片的拍摄时间为 20 世纪 30 年代初，其背景就是洪宅大屋辉绿岩的大门台。坊间邻里后来看到这张照片，称他们八兄弟为开元巷洪姓八俊。

对老照片中洪氏"式"字辈的八个兄弟，洪水平先生作过详细的介绍。他说之所以冠以"世家"的头衔，是因为祖上是乐清显赫的名门。

世祖曾任温州太守

《洪氏族谱》记载，温州洪姓来自饶州鄱阳（今江西鄱阳县），其世祖为元初温州太守洪模。族谱中还保留着一篇洪模修谱时写的"序"，其中涉及洪姓移居温州的缘由：元至元十九年（1282）壬午孟冬余守于温，甫下车而随问温之风俗，时父老传闻，昔先师郭景纯（郭璞）睹兹草昧，较阅水土，相其舆图，带海控山……建城以来，地灵人杰，素称邹鲁之邦。时闻舆论，目击淳风，不觉心旷神怡，胜地难逢，余私下羡之。继承解绶，遂构室于郡南之会昌湖西，不数月而落成，因以桂轩为号，时余已六十有一矣……

温州太守洪模解职后定居在会昌湖畔。其弟洪标，号兰亭，"随兄来到温州，游雁山乐览山水之美，乃卜居箫台，为吾族贞一公，即鼻祖也"。

乐清洪标的后人、洪姓"式"字辈的作家洪禹平撰写的《洪氏族人》一文，对他源自鄱阳的祖先作过周密的考证。明万历年的《温州府志》中也留有温州太守洪模的资料，称他"有治剧才，在温建总政堂、梦草堂"。这总政堂、梦草堂或许都与戏剧演出有关。

洪模、洪标的祖父是宋代名臣洪皓，宋高宗时出使金，被扣留14年，不屈而返，史书上称"忠义之声满天下"，后遭奸臣秦桧陷害，屈死在流放途中，皇帝赐谥号为"忠宣"。洪皓的传世作品有《红梅集》。

洪皓有八子，其中洪适、洪遵、洪迈，均为大学士。《宋史》有他们的人物传。洪迈知识渊博，著书极多，其笔记《容斋随笔》是一部被誉为"垂范后世"的佳作。此书作者花了18年时间完成，被《四库全书总目提要》推为南宋笔记小说之冠。毛泽东对《容斋随笔》爱不释手，临终时，此书还摆在他的案头。

乐清洪氏第15世孙守塪、守篯两兄弟同心协力，农贾兼营，富甲一方。清乾隆年末，守篯公在开元巷新构屋宇，洪氏这一支脉便在开元巷一带落地生根，繁衍生息。

远近闻名的洪家大屋

洪氏后人瓜瓞绵延，人才辈出。从开元巷走出了世界寄生虫专家、中国寄生虫病学的开拓者洪式闾，捐资建白溪十里塘的洪惟旗，出资重修塌圮文昌阁的洪兴运，出资筹建乐清医院和温州师范学堂的洪国垣，曾担任无锡市委书记的洪锦炘，温州和平解放的见证者洪水平，文学家洪禹平，等等。他们继承先辈遗风，或励治实业，或读书获职，广行善事，为仁为义，性行淑均。

清嘉庆、道光年间，邑侯刘荣玠（号锡亭），欣赏洪姓人氏自奉节俭、善处乡里的义行，曾赠匾"古处是敦"予以表彰。洪水平先生记忆最深的是大屋中堂悬着一块"膏吾下土"的匾，听其父母说是祖上舟卿公出资，帮助东乡的一个穷村兴修水利，将那里贫瘠的田地改良成旱涝保收的良田，村民感激其功德，送匾致敬。

直到现在，乐清开元巷的两座大屋还让参观者啧啧赞叹：一座是兴机公的故居，一座是兴运公的故居。

开元巷2号大屋是一座二进五间的两层楼四合院，大概建于清末民初，是洪氏第17世孙兴机公这一房的住所。其建筑非常精致，有双门台、天井、厢房、后院。设计师将中西建筑的元素融汇在一院：拱形门窗、砖雕木刻、马头墙、美人靠、尖顶、花墙恰到好处地点缀其间，各司其职，匠心独具。大屋的气派见证了当年洪家的经济实力和他们的生活情趣。

与2号大屋的后门相对的是兴运公这一房的住所，一进五间的四合院，两边也有厢房。过后院，出后门就是太平巷。洪水平先生说：我们这一房的大屋要比2号大屋建得早些，老屋大门台石材是辉绿岩，门额为"紫气东来"四字，两边的门联是：沧海六鳌观气象，青天一鹤见精神。

兴运公的四个儿子邦桢、邦干、邦梁、邦栋都居住在太平巷老屋。

洪水平的父亲叫国驹，是第四房邦栋公的

→
洪家四房"式"字辈八个兄弟合影老照片（右一锦冠怀抱的小孩非洪家子弟，因时间久远，已回忆不起是哪家孩子）

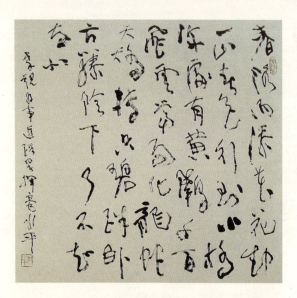

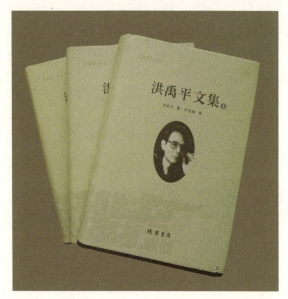

←

洪水平先生的书法

许宗斌编辑的《洪禹平文集》

小儿子。

洪国驹与妻子谢希娟（系乐清名门谢茗轩之女）居住在大屋的西厢房，他们育有三子一女：水平、次平、武平、淑芳。

最让街坊邻居震惊的是革命战争年代，洪家四位"式"字辈的兄妹：洪水平、洪禹平、洪禹华、洪羽央告别"世家子弟"身份，义无反顾地走出洪宅大门，投奔浙南游击队，上山打游击，成为大宅门里的叛逆者。

因为洪姓的影响力，后来人们称开元巷为洪宅巷，洪姓家声大振。

八兄弟命运迥异

照片从右向左依次排列，八个兄弟分别是锦冠、时骏、水平、禹平、时骅、次平、鸣天、式诚。

当年洪氏的这八位少年，个个稚气可掬。手足情深，竹马相乐，他们在洪宅大院不知营造出多少的喧哗，又遗留下多少火花四溅的故事呢？年逾九秩、博闻强记的洪水平以亲情为引领，将八位洪家子弟立体地鲜活在世人眼前。

右边第一位锦冠，八个兄弟中他最大，当时大概15岁。他后来毕业于英士大学化学专业。新婚不久，就抛家离妻，北上重庆，要投身抗战。受温州同乡邱清泉（邱清泉当时任陪都卫戍司令）推荐，在重庆邮电局工作。后来，锦冠一直从事教育工作，在温州二中、温州教育学院任职，2005年过世。锦冠的妻子黄蕙芳是黄式苏（曾任温州师范、温州中学校长）的孙女，与锦冠结婚后，黄蕙芳曾在柳市小学教书。

第二位时骏（后改名叫式灏），在八个兄弟中智商最高。他读书勤奋，成绩出类拔萃，被家族视为孩子们的榜样。做父母的常以"你要学学阿骏，用功读书"来鞭策子女。阿骏考中学时，"连中三元"，温州的三个中学：温中、联中、瓯中，他都考第一。初中二年级时，阿骏就能独办英语壁报，作者、编辑都由他一人担当。壁报出来，轰动全校。抗战快胜利时，温中学生演《孔雀胆》，初生牛犊，浑身是胆，在一时找不到翻译的情况下，阿骏自告奋勇给来观剧的几个美国军官（当时称盟军）当翻译。闭幕时，几位美国兵跷起大拇指称赞他："了不起，了不起！"阿骏的父亲患肺结核，28岁就撇下妻子儿女，母亲守寡抚养几个孩子。不幸，阿骏也得了痨病。在民不聊生的战争年代，哪有钱买得起洋药，1947年阿骏病逝，仅22岁。

第三位是水平。从瓯海中学毕业后，他22岁上山打游击，在革命形势最严峻的时期，不顾生命之危，投身革命。在浙南游击队，他的那些不凡经历，诸如参加中共浙南特委、浙南游击纵队创办的最早的党报《时事周报》的编辑、出版，参加在郭溪景德寺举行的国共双方关于温州解放和平谈判等重大历史事件足以见证其红彤彤的革命者身份。1958年，洪水平莫名其妙地被打成右派，送去劳教。1962年从劳教场出来后，在丽田造纸厂当工人。1979年平反，先在温州军分区帮助写民兵革命斗争史，后在中共温州党史办做中共地方党史征集研究工作，一直到离休。

离休后，洪水平笔耕不辍，将亲历的那些红色故事记录下来，出版成书，留给后世。他是一位极富使命感、货真价实的红色学者。他一直在浩瀚的地方党史资料中爬梳，积累了不少素材，以亲身经历的革命史实为背景，完成了长篇纪实小说《温州城下》《伍家旧事》、散文《站着写人生》《明日黄花》《世家子弟》《王小二饭店》等13部作品。

因为骨质增生，颈椎病上身，剧痛难忍，他

↑
洪家大院里的老屋

在书架上放一块木板，摊上稿纸用夹子固定住，像美院学生站着写生那样写书，其革命者坚强的毅力着实可敬可叹！

第四位是禹平。禹平从小立志当文学家，博览群书。16岁时，就参加了乐清学生抗日工作队，在地下党领导下，配合抗日武装部队进行爱国活动。抗日胜利后，由于他积极参加学生民主革命运动，1946年被学校开除学籍。1946年冬与洪水平一起上山参加浙南游击队。激情燃烧的岁月，他与哥哥洪水平一起担任浙南特委的《时事周报》编辑，从此承担起运作战争年代中共浙南特委新闻大业的重任。中华人民共和国成立后，洪禹平曾任《浙南日报》编辑部主任，后调到北京，在连环画出版社当编辑科科长。1945年洪禹平就开始在报刊上发表文章，是最早的中国作家协会会员。因为不明不白的一顶右派帽子，使得他劳作之余伏案书写的文章一篇也得不到发表。一家子的生活无着落，他过着像乞丐一样的生活。是拨乱反正政策，让回到家乡的洪禹平进入乐清师范学校，一边教书，一边写作。在春暖花开的文学园地，洪禹平的才华令文友们钦慕。不想洪禹平患上绝症，于2005年中秋离世。洪禹平的学生许宗斌受先生托付，将他的遗作整理编辑成《洪禹平文集》，于2017年由乐清社科联资助出版。

第五位是时骅，他是时骏的弟弟，是乐清中学的语文教师。他书教得很好，深受学生欢迎，经常被教育部门定为示范课，向众多语文教师演示。时骅曾经因为名字与一个逃到台湾的国民党官员读音相同，被当作反革命坐牢一年多。出狱后，他仍然以教书为职业。

第六位是次平，洪水平的二弟。他小时患脑膜炎，病愈后成了聋哑人，听不见，也说不出话。1949年，洪家搬到温州后，经在《浙南日报》当编辑的洪禹平介绍，次平进报社当印刷工人。聋哑人的感官较常人灵敏，他很快就熟悉报纸的印刷业务，并且还能修理机器，成为优秀的印刷工人。后来，调到温州医学院印刷厂工作，直到退休。次平曾在温州聋哑学校教过书，与他的一位学生桂芳恋爱，婚后有一男一女。桂芳70岁病故，桂芳的聋哑朋友荷莲常来帮次平料理家务，日久生情，两人一起生活。次平89岁时病逝。洪水平说：二弟终身生活在无声世界里，一切是非颠倒的政治运动、家庭纠纷变故、人际间的尔虞我诈，对他丝毫没有影响，一生无怨无尤、平平安安。从这一角度看，他比我们更幸福。

第七位是禹平的弟弟洪鸣天，患心脏病，50多岁就离世了。

第八位是式诚，毕业于华东革命大学，解放后在乐清县政府工作，退休后热心于老年协会的公益活动，为乐清退休老干部"老有所乐"而奔走。

洪氏大屋依然静卧在开元巷和太平巷之间。洪氏"式"字辈的八个兄弟大多作古，唯有95岁高龄的洪水平先生还在他的八尺见方的书斋里笔耕不辍，用文字留住他与他的兄弟那一段一段踏实走过的艰辛岁月。

邵氏家族的光影情结

金丹霞

邵家每年农历年底吃分岁酒的时候，都要拍一张全家福。他们从 1960 年租住到西角的月湖头，在这间两层的老房里一住就是 30 年。1965 年的全家福也是在这儿拍的。邵家的 8 个儿女环绕在父母身边，画面上满溢着寻常人家的温暖。

　　邵度给两个儿子的取名寄托着他的充满中国传统文化的理想：家业、家齐；而六个女儿的名字则像他给自己摄影作品命名那般充满诗意：春有"春野"，冬有"羡冰"，田园气息的"郊居"，水光潋滟的"临波"；连续生了几个女儿后，他觉得该是最后一只美丽小鸟的到来，于是有了"末翎"，不料还没完，最小的女儿翩然来临，那就"再羽"吧！

　　邵度从上海旧货店里给孩子们买了一架袖珍照相机，好几个孩子甚至他们的下一代都是通过这架还没有巴掌大的相机开始接触摄影。后来，8 个子女中，从事专业摄影的就有 5 人。

摄影家族开山人

　　毫无疑问，邵度是邵氏摄影家族的开山人。

　　1910 年，邵度出生于温州永强的一个书香之家。由于家道中落，童年的邵度并不曾享受过丰足裕如的生活。14 岁小学毕业后，即被姐夫带到温州城里，进入府前桥边的"爱吾照相馆"当学徒。

　　摄影，在 20 世纪 20 年代的中国还是一件顶稀奇的事物。很多人不明白那个小黑匣子怎么就把大活人"装"了进去，甚至有些人害怕那洋玩意会把人的魂魄吸了去。不过也还是有些勇敢的年轻人对这个新鲜事物充满好奇。邵家兄弟便是其中之一。

　　邵家的三个兄弟都干了摄影这一行。邵度的二哥邵量也跑到湖州学摄影，学成后回温州开了一家"还吾照相馆"。邵度三年学艺出师后，顺理成章转到了哥哥的照相馆当摄影师。不料没几年，哥哥英年早逝。小弟弟邵衡接了上来，和邵度一起支撑着照相馆的生意。然而，战争来了……

　　1937 年，抗战爆发。之后，温州三度沦陷。日本侵略者的飞机在温州上空盘旋，扔下一颗颗炸弹，炸了南门，炸了五马街，炸了温州中学，

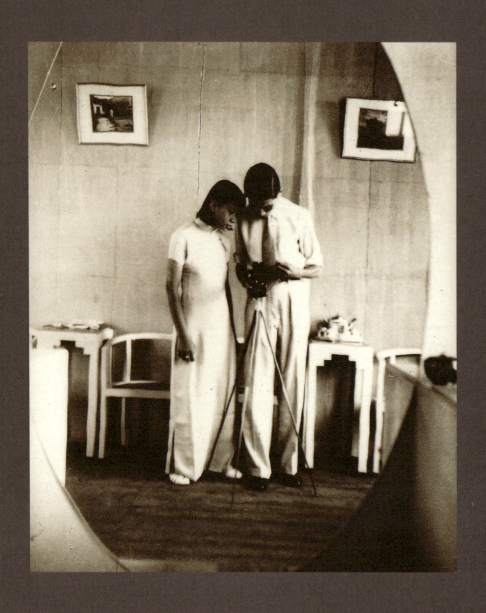

↑
1936 年邵度结婚自摄留影于
古炉巷宅

→
邵家业很小的时候就跟在父
亲身边学摄影

也炸了照相馆所在的府前街。瞬间火光冲天，腾起的烟雾中房屋倒塌，人群奔逃。

邵度没有跟着众人逃命，他抓起了手中的相机，从楼上往下拍，拍听到空袭警报而四散奔逃的人群，到一处处废墟拍，拍轰炸过后的残垣断壁，一派凄凉……

照相馆是开不下去了，照片却拍得更勤了，甚至要冒着炮火，冒着生命危险。邵度投身于战时新闻摄影报道，13张一组的《敌机敌舰威胁下之温州准备种种及炸后情况》发表于1938年香港《良友画报》第9期，记录下了那段血与火的历史，记录下了一个民族和个人的悲剧，至今愈显珍贵。

乱世中的照相馆显然没有生存空间。直到解放前夕，兄弟俩才合伙在五马街新街口开了家"邵度照相馆"。因为邵度的摄影技术是照相馆的一块金字招牌，于是干脆用他的名字作了店名。

然而没多久，邵度就退了出来。一方面觉得身体吃不消，但最重要的是他的心思已不在生意上，他越来越强烈地感受到了艺术对他的召唤。他像着了魔似的终日奔走在家乡的山水间，尤其是九山河、松台山、郭公山、瓯江畔——那里的一草一木、一山一石都该记得这个穿着长衫、拿着简陋的德产"弗伦达"相机的青年……

邵度省吃俭用，把金钱、精力都投入到摄影上。他自己动手做摄影器材，用有色玻璃作成滤色镜，用马粪纸作成放大机，用厚玻璃代替上光机。没有暗房，他只能利用狭小的灶偏间，除了几只冲洗盘外，别无所有。其简陋就是连摄影同行也难以相信，如此差的条件竟能取得那样绝佳的艺术效果。

不善言辞的邵度用镜头表达着他对自然的理解和亲近。即便在"文革"岁月，邵度精心保存的发表自己摄影作品的画报杂志《文华》《飞鹰》《美术生活》《良友》《寰球》《大地》等被红卫兵抄走销毁，他还是偷偷坚持搞摄影。他不敢把照相机放在套子里带出去，就把照相机的皮壳卸掉，重新用马粪纸做个外套，以遮人耳目。拿着马粪纸套里的照相机，他继续跋山涉水，沉浸在一个属于自己的世界中……

多年父子成摄友

邵家还珍存着一张照片——1936年，27岁的邵度和开毛笔店的章老板的女儿章素芬的结婚照。给别人拍了无数照片的邵度给自己的新婚纪念留下了一张经典的自拍像：西裤、短袖衬衫，戴着领带，一身洋派装束的新郎和一头短发、身着短袖旗袍的新娘，两人面对一落地椭圆大镜台站立着，低着头摆弄三脚架上的照相机——这一幕，邵度通过镜子的反光拍了下来。

从此，章素芬就成了邵度镜头下的模特。芦苇丛中，古塔旁边，田野之间，总有一个娴静而美丽的女子，一袭素净的旗袍，一头披肩长波浪，有时还斜撑着一把小阳伞，夕阳下更增添了几分妩媚。

渐渐的，画面上多了个小女孩，后来又多了个小男孩。他们或坐或立或卧或俯，或相互嬉闹，或大放悲声，一派天真烂漫的稚气迎面扑来。女孩是邵度的长女邵春野，男孩是邵度的长子邵家业。

邵家业四五岁时已经跟着父亲到处跑。九山河是他们常去的地方，父亲总是问他：好看吗？木制的九山桥历经风雨侵蚀，已开始腐烂，旁边的栏杆都没了，大风吹过，桥晃晃悠悠。童年的邵家业胆小，不敢过，父亲就走在前面鼓励他。

在温州城内的山山水水间转悠的时候，邵家

业也开始好奇地触摸父亲的那架德国产双反照相机。小学毕业后，他进照相馆正式当了一名小学徒，走上了父亲当年的道路。那时候父亲为了摄影采风方便，已经把全家从闹市区搬到了偏僻的西郊郭公山下，这里背江面山，登高可东瞰市区，南望莲峰，西眺瓯江，北揽孤屿——这座山俨然成了他们摄影创作的基地。

1956年，18岁的邵家业随父亲一起去青田石门洞摄影采风，这是他第一次真正开始创作。父亲给他新买了架德国产的"禄来"照相机，此后这架照相机就一直伴随着邵家业，后来又传给了他的儿子邵大浪，真正成了邵家的传家宝。那次整整走了一周，一路走，一路拍，出了不少精品，那次，也是父子俩做伴外出摄影时间最长的一次。

他们租了一条舴艋舟，从温州出发，溯江而上。待逆水无法行舟时，小火轮便拖着舴艋舟行至温溪，恰遇平潮，小火轮放开舴艋舟，一艘艘小舟挂起白帆，一路顺风直到青田。此行，诞生了邵家业的处女作《归棹》，瓯江上，阴云翻滚，帆船归来，景象奇丽。后来，邵家业用这幅《归棹》投稿参加《文汇报》的摄影大赛，还怂恿父亲也参加，结果两人双双获奖。

在邵家业的记忆中，严厉的父亲从来没责骂过自己，即使哪幅作品拍坏了，他也只是分析讲解，极有耐心。1969年入秋后，邵度觉得胃部不适，身体日益消瘦，后医生诊断为胃癌。最后的那段日子，大家显然都有了预感。邵家业把父亲零散的照片整理出来，一一询问照片拍摄的地点、时间，并记录下来，使那批在抗战时期拍摄的珍贵组照得以完整保留。

1970年6月5日，邵度病逝于温州。

兄弟姐妹们的共同爱好

邵家业是邵氏摄影家族第二代中的杰出代表。他作为特级摄影师，出版过摄影集，在意大利举办过个人影展，200多幅作品入选国际影展，数十次获大奖，成为中国大陆第一位在PSA和FIAP承认的国际影展中获"黑白全套最佳照片金牌奖"殊荣的摄影家，从而攀上了中国风光摄影的顶峰。著名摄影理论家袁毅平先生在《邵家业摄影作品集》序中称邵家业的艺术风格"淡泊，自然，清新，典雅，情真，意浓""从他的作品里就可以清晰地看到我国民族的美学理论和艺术实践的印痕"。

邵家业的兄弟姐妹也多从事摄影工作。大姐春野在温州照相馆一直工作到退休；大妹郊居和最小的妹妹再羽分别在中国地质大学和温州医学院从事专业摄影工作；二妹羡冰则在温州新闻摄影界成绩卓著。她是中国女摄影家协会理事、浙江省女摄影家协会副主席，温州市政府颁发的文学艺术银鹿奖获得者。200余幅（次）作品在全国、省、市影赛中获奖，有的被收入《中国摄影年鉴》《中国新文艺大系》，作品在加拿大展出，并出版有摄影集。

邵羡冰是当年的"老三届"，读书时成绩优秀，而且写得一手好字。后来她凭自己扎实的文化功底和从小就耳濡目染的摄影艺术的熏陶，进温州商校当了一名摄影教师。1980年5月温州日报复刊，向社会招考记者。30多岁的邵羡冰一举考中，成为三个摄影记者中年纪最大的一个，后来成为温州日报摄影部主任。

如今早已退休的邵羡冰，还常会梦到父亲带着她去雁荡爬山，或是在草坪上取镜头。父亲是个严谨的人，在暗房里冲洗照片尤其认真仔细，他也要求在一旁做小帮手的女儿一丝不苟，决不

←
温州沦陷　邵度摄

九山河　邵度摄

→
瓯江晨姿　邵家业摄

杭州西湖　邵大浪摄

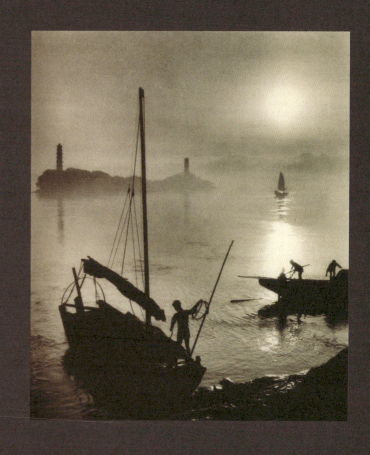

允许将药水滴在桌子上。不料在暗房里，羡冰竟打起了瞌睡。父亲严厉的批评让羡冰记了一辈子，以至于她后来的暗房操作，冲片、放大、整修、上色，一整套动作又快又清爽。

一家人这么多搞摄影，凑在一起创作采风、谈艺论技是常有的事。有一年，邵家业和几个朋友去内蒙古坝上采风，居然和羡冰、再羽两个妹妹不期而遇。几个比邵家业年龄还小的朋友一看到姐妹俩，便嚷嚷："真是受不了你哥，他天天那么早爬起来，我们都吃不消了！"

邵家业沉醉在坝上美丽的风光中，到处是景，时时是景。早晨太阳升起来的时候，红光一点点地变幻，颜色变化非常快，他一口气拍了很多照片。他们到的第三天，坝上天气冷下来，降霜了，树叶开始变黄，景色已完全不同。邵家业到处跑，还要专门找有水的地方，因为来坝上摄影采风的人很多，必须寻找独特的角度，于是他想通过水中的倒影来表现坝上风光。"不勤奋不可能出东西"，这是邵家业一生的信念。

回到温州，兄妹几个又通上了电话，互相询问哪张片子比较满意，交流心得收获，这种时刻，讲的人眉飞色舞，听的人津津有味。这，该是邵家兄弟姐妹间彼此最开心愉快的时刻吧……

醉心于风光摄影的第三代

邵大浪没见过爷爷邵度。原先他对爷爷的感觉都来自唯一的一张合影。那是 1969 年他周岁生日，其时爷爷已病入膏肓。父亲邵家业极力说服爷爷抱着邵家长孙拍张照片。爷爷开始不肯，他说现在自己这么消瘦，拍起来很难看。但禁不住邵家业的一再恳求，他便抱着大浪，露出了许久不见的笑容，而大浪，则是一脸天真的

欢快……

后来，为了给爷爷整理作品集，以及参加 2005 年连州国际摄影节上的"三邵联展"，他两度翻阅那些老照片。那些发黄的照片、磨损的底片一点点显影出了祖辈的人生。他惊讶于那些胶片质量之差简直无法想象，有划伤的，残缺的，半漏光的，甚至连电影胶片剪下来废弃的那一段，爷爷也拿来用。就是在这样的胶片上，他居然拍出了那些著名的充满诗情画意的作品。

邵大浪还发现，在爷爷的底片中，几乎没有一张是重复的。这就是说他非常珍惜胶片，惜片如金，没有好的镜头，没有成熟的构思，他决不轻易按下快门。

拂去胶片上的尘埃，祖孙俩通过这样的方式完成了一次超越时空的对话。

邵大浪其实原先并不想搞摄影，虽然他在 14 岁那年，就已经拥有了一架上海牌照相机，而且在高一那年拍的处女作就在《中国青年报》得了大奖——那是一大家族人去给爷爷上坟，他随手拍下了一张照片：春天的田野上盛开着大片的金灿灿的油菜花，花丛后是行走的人群。少年出手不凡，这照片甚至让一些人误以为是邵家业的作品。

年少气盛的邵大浪觉得爷爷、父亲在摄影方面达到的高度，已很难逾越，所以他只是课余玩摄影，有时也跟着父亲出外采风。1986 年他考上杭州大学，读的是和摄影艺术毫无关联的电子工程系。临走前，父亲送了他一部理光相机。四年后，邵大浪以电子工程系优秀毕业生的身份留校任教。

但冥冥中仿佛自有天数，人生的岔路口，命运最终还是把他推上了摄影这条路——新闻系缺少摄影教师，知道他经常摆弄照相机的老师问他：哎，小邵，你去不去？突然间，他血液中潜在的对艺术的热爱，他多年来对摄影看似无意的积累，

在一个合适的契机下全部萌发了，他说：去！

邵大浪成了浙江大学人文学院的一名摄影教师。他教学生拍，自己当然更要练。虽然他和父亲一个在杭州，一个在温州，但有机会，两人还是一起结伴外出创作，就像当年的邵度和邵家业。

"父亲太执著，甚至是玩命。"邵大浪那年冬天和父亲去黄山，山上是一片白茫茫的雪。邵家业不顾阻拦，坚持跑到山脚去拍照。"我也知道那样取景好，但我们不熟悉路形，下去很危险，我就不会去。父亲却不管不顾地跑下去，拉也拉不住。"

类似的情形又发生了很多次。那次在新疆采风 12 天，邵家业玩命般地赶路赶时间，用邵大浪的话说是，"自己不累，也想不到别人。"连续几天赶路，司机已经很疲劳，可处在创作兴奋中的邵家业还想拍日出。司机觉得老先生这么大年纪来一趟不容易，就一大早爬起来继续上路了。可他实在太困倦了，车开着开着就开到了路基下面，幸亏这是个技术过硬的老司机，反应迅速，把方向盘打了过来。一车人都惊出一身冷汗。

到高原上拍照，同行的人都知道要慢慢走，避免高原反应。可邵家业一看到满意的风光，就激动地奔跑起来……

因此，后来邵家业提出要去外地创作，邵大浪都尽量想办法安排好手头的工作，陪父亲一起外出，因为他还肩负着母亲交代的任务："看好爸爸。"

邵大浪和他的祖辈、父辈一样，酷爱风光摄影。他说："不仅是我醉心于自然风光的纯朴与清新，更是希望用我的作品去揭示自然给予我的启迪和我对自然、生命、文化、历史、美的理解。"他背着相机徜徉于山川湖海，聚焦大漠风光，品味江南民居，细数波光帆影，他的作品中有邵家一脉相传的古典的诗情画意，但又多了一分现代气息。

邵大浪喜欢简练、质朴的黑、白、灰色调，黑白摄影对于他而言，是一种介于现实与意念之间的抉择，在赋予他无限创作潜力的同时，也提出了更高的技术和审美要求。2013 年他写出了心血之作《高品质黑白摄影》，书的扉页上写下一行字：谨以此书献给我的父母，感谢他们引领我走上摄影之路。

邵大浪是浙江省第一位摄影专业教授，现任浙江财经大学艺术学院院长。出版有《高品质黑白摄影》《高品质风光摄影》《世界摄影大展概览》和《专业摄影技术》等 20 余本摄影著作和译著，以及《西湖表情》和《一个人的西湖》两本摄影作品集。在意大利、英国、美国、澳大利亚、比利时等国家的知名摄影刊物上发表作品 100 余幅。摄影作品获得美国摄影学会金牌奖、港澳摄影协会金牌奖、国际摄影联盟荣誉奖、澳大利亚 MAITLAND 国际影展荣誉奖、美国 OKLAHOMA 国际影展荣誉奖和美国西北国际摄影展览评委特选奖等奖项 20 余幅次，并多次在国际摄影节上举办过个人摄影作品展。

"对一样东西的爱好，你可能没办法天天去做，但你可以天天去想。"邵大浪非常庆幸他最终还是选择了摄影，因为这已不仅仅是他的工作，更是他的生活方式。

2016 年 11 月 14 日，邵家业在温州病逝，享年 78 岁。在最后的时日里，他仍时常问起"镜头在哪"，还举着双手比划拍照的姿势。

4 年后的 2020 年 12 月，邵大浪获得第十三届中国摄影金像奖艺术类奖项，登上了摄影领域全国最高个人成就奖的领奖台。那一刻，不知道他是否想起了父亲曾经说过的一句话：如果爷爷看到孙子的成绩，一定会很欣慰的。

热血小儿女

李 艺

80 多年前，18 名平均年龄 16 岁的上海青少年瞒着父母，结伴离家来到温州。在温州市区中山公园内的中山纪念堂住下后，他们开始连续三个月奔忙在温州市内和乡村演出戏剧，他们给自己这个集体取名为"上海小小流动剧团"——这事在温州成了新闻，各家报刊争相对这个剧团追踪报道，1938 年 4 月到 7 月间出版的《浙瓯日报》《温州日报》《游击》等报刊上，都留下了这群热血小儿女的事迹。他们在温州拍摄的这张合影，至今保存在各自家中。

　　80 多年的光阴倏忽而过，当年"小小剧团"的后人——60 多岁的张岱和余晓晨 2019 年专程从北京赶到温州市图书馆期刊资料室，通过查阅保存其中的历史报刊，了解到"小小剧团"在温州演出革命戏剧宣传抗日救亡的诸多细节时，她们感到心脏加速了跳动。

　　"1938 年，这群生长在当时中国最繁华都市的青少年，在炮火中决绝地奔赴贫困之地延安，只因那里是中国革命的耀眼灯塔。温州是他们这次冒险途中停留的首站，也是停留时间最长的一站。父母曾简单说起过往事，如今我们在温州第一次看到确凿的历史资料与他们的口述互相印证，心中只有激动和震撼！"张岱是"小小剧团"副团长张建珍的女儿，余晓晨是"小小剧团"成员余康的女儿。为了让"小小剧团"的革命故事和精神流传下去，这些"小小剧团"的后人一直在努力寻找有关历史记载，他们也去延安找过，但一直未能在国内出版的戏剧史中发现"小小剧团"的踪迹。

　　念念不忘，必有回响。2019 年夏天，他们终于在孔夫子旧书网上发现：温州戏剧文化学者陈寿楠编撰的内部资料《温州进步戏剧史料集》中，罕见地记录了不少"小小剧团"在温州的踪迹。于是，张岱和余晓晨作为"小小剧团"的子女代表，追随父辈足迹首次踏上温州的土地，开启了一段寻根之旅。

小小文艺轻骑兵来温州

《马克思恩格斯全集》《伟大的长征》《中国农村的社会主义高潮》《钢铁是怎样炼成的》《艾思奇文集》《红楼梦》……2019 年 11 月 28 日，温州市图书馆接收到 523 本赠书，它们是"小小剧团"成员余康生前购置收藏的心爱之物，出版于 20 世纪 50 年代到 90 年代。

得知父亲的藏书平安抵达温州后，身在北京的余晓晨通过微信给我发来一段文字："父亲的藏书是他几十年心血所系，他的钱大部分都花在买书上了，很多书上有他的批注。如何安放父亲的藏书，一直是压在我母亲心头的一桩大事。这次让父亲的藏书回到当年他奔赴延安的第一站，让它们能帮到更多人，是我母亲的心愿和决定。"

当年，经中共党员殷扬介绍，16 岁的余康带着艾思奇撰写的阐述马克思主义的进步书籍《大众哲学》，与"小小剧团"其他成员一起，乘坐商船逃离上海奔向延安，两天后抵达温州（时称"永嘉"）。当时，中国北方港口及上海周边广大区域纷纷陷落，而地处国防最前线水陆要冲的温州，作为尚未沦陷的港口之一，发挥着沟通沿海各港口与抗战大后方的重要作用，成为播撒革命火种的重要发源地。岁月轮转，在中华人民共和国成立 70 周年之际，余康一生中最爱的书籍，再次携着他的印记来到温州，并把温州作为归宿。

一切仿佛是一个美好的轮回。

而余晓晨的母亲马少芝做出这个美好的决定，也是缘于 2019 年夏天余晓晨和张岱的温州之行。

那是 6 月夏至时节，温州时有小雨，驱散着一天的暑热。蒙蒙细雨中，余晓晨和张岱在陈寿楠的陪伴下步入中山公园，当她们看到当年父母在此住过的中山纪念堂仍被悉心保护时，感慨

←
1938 年 5 月上海小小流动剧团于温州，部分团员与当地媒体人员合影。

万千。而走出中山公园，就在公园门口十几米开外，居然看到了仍在营业的南洋照相馆！要知道，如今每个"小小剧团"成员家族中，都保存着1938年6月"小小剧团"演出后在南洋照相馆拍摄的剧装合影。更让人兴奋的是，从南洋照相馆出来朝西走五分钟，她们来到了五马街上的原中央大戏院门前，"小小剧团"在温期间，曾多次在这里演出抗日救亡戏剧，如今这里已经成为大众电影院，但是80多年前的建筑和牌匾仍旧保存在原来的位置。"我们一起拍照留念吧！"余晓晨和张岱开心得像个孩子，拉上带着她们踏寻"小小剧团"足迹的陈寿楠，在巴洛克风格的原中央大戏院门前留下灿烂笑容。

"想不到以经商出名的温州人，把老建筑保存得这么好。"千里之外，马少芝很快知晓了女儿在温州的见闻，当时她心中为之一动。而此后几个月，温州人陈寿楠先生对待戏剧文化研究的初心和执着，让这位多年从事革命文艺工作的老人颇为赞赏，她最终做出向温州捐赠丈夫藏书的决定，她相信："温州人这么重视和热爱文化，这些书在温州将物有所值，书有所用。"

的确，陈寿楠先生不仅搜集资料的能力超强，更有着一颗传承文化的赤子之心。余晓晨和张岱在温州的三天里，陈寿楠悉心指导她们在温州市图书馆查证到诸多"小小剧团"在温州的细节资料，在余晓晨和张岱回北京后，陈寿楠连续数月每天坐公交车到温州市档案馆继续寻找、查证与"小小剧团"有关的历史。最后，老人通过手抄、复印等方式，整理出40多页史料并寄往北京，这为复原充实"小小剧团"最初的革命经历提供了重要帮助，也让包括马少芝在内的"小小剧团"亲属深受触动。

"小小剧团"的前身是"我们的儿童剧社"。

自1936年成立后，剧社成员不仅参加了上海的宣传救亡活动，还直接投入抗击侵沪日军的武装斗争，小成员拓路牺牲时不满15周岁。

1937年，惨烈的淞沪会战后上海沦陷，这场战役也打醒了更多中国人。接受了马克思主义启蒙的"我们的儿童剧社"成员们，商议着离开上海去延安。根据"年纪小，队伍小"的特点，大家决定以"上海小小流动剧团"为名，于1938年4月28日悄悄离开了上海。

1938年4月30日午前，这些小小文艺轻骑兵来到温州，年龄最小的14岁，最大的20岁。经永嘉战时青年服务团副总干事胡今虚帮助，剧团成员们住进了中山公园内的中山纪念堂里。楼上的一间大屋子，白天是他们排戏、练歌、学习、开会的地方；晚上，就男女分两边打地铺睡觉，成了集体宿舍。在中山纪念堂楼下，"小小剧团"先后开设了救亡室、歌咏班、萌芽读书班。

除了在中山纪念堂活动，"小小剧团"更多是到街头演唱抗日歌曲、搞化装宣讲、出抗日壁报、在剧场公演，温州的教师救亡协会还有人陪"小小剧团"下乡，到瑞安、平阳等地为农民和驻军演出。根据温州当时的报刊记载，各界都很欢迎这些年轻人，不仅时常有人在剧团演出时投下大量铜板，还有很多卖饭菜的民众看到他们来买饭不收钱。《浙瓯日报》1938年6月的一篇报道中写道："'小小'以他们年轻的同志，薄弱的经验，

→
"小小剧团"演出后在南洋照相馆拍摄的剧照合影

"小小剧团"

幼稚的世故，能在恶劣的环境中住下了两月，能够抓住民众的心，留下了极好的印象，确实是不容易的。"

行进在抗日救国的激流中

"亲爱的温州同胞：本团在永三月，承大家热烈的同情和援助，建立起永不忘记的联系，我们是怎样的欣幸，同时我们要怎样地向大家感谢！我们丢弃'家'的幸福，来负起为'国'的任务……我们只有尽我们的绵力，推进民众救亡的工作……"

2019 年 8 月，在北京，99 岁的"小小剧团"副团长张建珍和 98 岁的剧团成员田蓝，高兴地看到了陈寿楠寄去的诸多史料。这篇刊登于 1938 年 7 月 28 日《温州日报》的报道，记录了当年剧团离温时致温州同胞的信。让张建珍更为惊喜的是，她还在当年 7 月 12 日的《温州日报·笔阵》版面上，看到了 18 岁的自己为纪念"七七事变"写的小诗《壮丁礼赞》："你愿意丢开你的爱人，这是多么的伟大！为的是——保卫你那垂危的民族，锦绣的山河。"

保卫祖国的锦绣山河，必须到延安去，加入中国共产党。这是"小小剧团"全体成员出发时就有的信念和共识。1938 年 7 月 28 日，剧团成员分乘小船溯瓯江而上，几天后到达金华。此后，他们按照党组织安排，从金华到长沙到武汉再到西安，一步步接近延安，接近理想。

去延安的旅程非常艰苦且紧张。在长沙，赶上了日寇轰炸的长沙惨案；在武汉，赶上了日寇的进攻包围和"保卫大武汉"运动，每人每天只有两角钱伙食费。但无论在哪里，剧团都坚持在街头宣传抗日，终于在 9 月初到达西安。在往后

的十余年里，剧团成员在中国共产党直接领导下开始了斗争的新篇章。从陕西泾阳的安吴青训班，到因"小小剧团"成员集聚而新成立的青训班艺术连，从西北青年救国会战地工作团，到晋东南、晋察冀抗日前线，再到延安……"小小剧团"成员陆续加入了中国共产党。

加入中国共产党后的田蓝，始终牢记当初入党时的誓言。中华人民共和国成立后，田蓝先后任中国青年艺术剧院办公室主任兼党总支书记、中国杂技团团长兼党总支书记、中央乐团副团长，后来又调任北京市文联秘书长兼党组书记、北京市文化局副局长。

与田蓝同岁的余康，1939 年 3 月 8 日在山西辽县（今左权县）城楼上秘密宣誓加入中国共产党，后来参加了解放大西北的主要战役，坚持在前线进行宣传和救护工作，因表现勇毅，被授予西北解放人民功臣章。

"解放战争时期，我父母所在的西北野战军六纵教导旅，曾被马步芳骑兵团包围在甘肃镇原县屯子镇，那里没粮没水，战士们浴血奋战三天两夜，在第三天夜里接到上级命令突围时，要从高 300 多米、坡度约 90 度的悬崖上抓着绳子下到山沟里，再往外走。当时部队卫生部王仲斌部长和一些重伤员因伤无法撤离，最后全部被杀害。"父母一说起这次战斗心情就无比沉痛——惨烈的经历还有很多，这让余晓晨理解了父亲为什么经常教育她要珍惜现在的生活，不必计较个人得失，也让余晓晨明白了父亲生前写的最后一幅字，为什么是毛主席词作《忆秦娥·娄山关》：西风烈，长空雁叫霜晨月。霜晨月，马蹄声碎，喇叭声咽。雄关漫道真如铁，而今迈步从头越。从头越，苍山如海，残阳如血。

永不泯灭的回声

我将 CD 放入音响。

音乐一响起，整个人就被一种浓浓的情感笼罩住了。实在太熟悉了，这些都是曾经影响很大、在电影史上留下重笔的电影插曲：《阿诗玛》《渡江侦察记》《天云山传奇》《芙蓉镇》《高山下的花环》……每一首歌都能激起人们深远的怀念。这些节奏旋律，曾像空气一样在中国流动，慰藉并鼓舞了无数中华儿女，营造过一个时代的氛围。

但直到张岱和余晓晨来温州，我才知道，原来，这些连通过那么多人心灵的音乐，都出自"小小剧团"成员葛炎之手。

当年"小小剧团"从上海奔赴延安时，除了带进步书籍，16 岁的葛炎还带上了他心爱的小提琴。在抗战一线，他永难忘记，那些随时可能赴死的战士们，是那么热切地盼望着音乐的抚慰，有一次他的琴弦断了一根，连队立即派侦察员骑马赶到百里之外的县城去购买。

如果说所有的故事都有一首主题音乐，"小小剧团"故事的主题音乐中始终奏着赤子之心的旋律，抒发着对祖国、对人民深切的爱，这种爱，让"小小剧团"故事的回声永不泯灭。

这份爱，也让少小离家的"小小剧团"成员付出了生命代价。日本投降后，为解放东北，剧团成员莫愁（后改名为马骥）从延安被派往辽宁本溪市区委工作。那里敌情复杂，马骥在 1947 年参加武装土改时被土匪杀害。

经历过延安精神哺育和战争的考验，活下来的剧团成员们把对革命的信仰和国家的责任落实到一个个工作岗位上：陆静成为新中国舞蹈事业的开拓者，曹欣参与了经典战争影片《上甘岭》和《打击侵略者》的编剧工作，张建珍、吴梦滨成为新

中国纪录片事业的第一代主管和编导，朱漪、鲁亚侬成为中国著名儿童剧编导，葛炎为多部主旋律电影谱下经典乐曲后获得中国电影音乐特别荣誉奖……

"小小剧团"的故事说不完，它是老一辈革命者人生的缩影。伴随着几十年世事沧桑，剧团成员们也经历了政治运动的风风雨雨，但不管遭遇怎样的坎坷，没有改变的是他们参加革命时的初衷。

晚年的葛炎，也一直在写作有关"小小剧团"的音乐剧剧本，他为这个后来未曾发表的作品取名为《逃离孤岛》。弥漫的硝烟中，敌人正在"大扫荡"，他生着重病，部队一位老炊事员，用小毛驴驮着他绕过了敌人的封锁线，然后，老百姓又用担架抬了他六七天……这段死里逃生的战时经历，当然是一定要写进来的。这段死里逃生的战时经历，也始终提醒葛炎"参加革命不是为了'入股分红'"。葛炎生前和好友、著名编剧陆寿钧谈到这段经历时说："如果没有人民群众，我这条命早就没了。我是个凡人，有时个人利益也会向上冒，但每每想起这些往事，我就会冷静下来。对我来说，只有努力、努力、一再努力，为人民、为新中国多唱赞歌！"

这是"小小剧团"成员共同的心声。

冒死保护金编钟

施菲菲

幸福的家庭都有相似的幸福，看到这张摄于1964年的陈氏全家福，不由得便想起陈亦侯先生冒死保护国宝金编钟（现为故宫博物院珍藏）的故事。

照片中前排戴眼镜的男子即为陈亦侯（1886—1970），在陈家兄弟中排行老五，故人称"陈五爷"。陈家是清末民国时期温州名门，故居在市区松台山八角井至来福门一带。陈亦侯早早离开温州，辗转多地后定居天津。

这张全家福照片就是摄于天津和平区的陈亦侯家中。三位穿黑色衣服的女性是他的三位夫人。前排左边女孩是陈亦侯的孙女陈露茵，右边女孩是陈亦侯的女儿陈绮霞。后排左起依次为陈逸龙（五子）、陈骧龙（三子）、李文娥（长媳）、陈起龙（长子）、陈羲龙（次子）、陈锦龙（四子）。

金乡望族

陈氏的家世，要从其先祖、平阳金乡卫的守臣陈忠公说起。金乡第四巷陈氏始迁祖为陈忠，原名"九六公"，江苏丹徒人，原本为业儒，一生饱读诗书，因遭遇世变，投笔从戎。《陈氏宗谱》记载，陈忠忠诚勇猛，屡建战功，被封为襄阳伯，世代袭荫。后因生性耿直忤帝，被谪职到金山卫，任指挥使。明建文元年（1399）燕王朱棣起兵，破南京。惠帝死，燕王即位，史称明成祖。因陈忠不愿堕节，再被贬谪为金乡卫总旗，卜居于平

阳金乡城之南。

陈忠入金乡后单传一子，名觉真。觉真生至刚，至刚生轩，祖孙三代都是贡生，陈氏宗谱中称其为"岁进士"。到了第四世轩公，生四子：涌、洪、潮、济，陈氏不再单传，于是分成三房（长子涌早亡）。自此，金乡第四巷陈氏繁衍生息，子孙日众。其子孙在科场得名的喜讯频频临门，在金乡各大卫族中，金乡第四巷陈氏脱颖而出。

据《陈氏宗谱》记载，单单从五世分三房开始到11世，其间入黉宫者有48人，举廉者3人，入贡选者18人，入仕为县令者1人，为儒学教育

陈亦侯（一排左二）与家人合影，二排左二为其儿子陈骧龙。

训导官者 3 人，授武职官的武德将军、怀远将军者 2 人。

宗谱的名人传中，留有多位让宗亲引以为傲的人物事迹。

陈寅（？—1621），字宾畅，其祖父任金乡卫中所百户，入卫籍。明万历年初，陈寅袭百户职，任金磐把总。因抗倭有功，晋升为督标左营游击将军，后任贵州总兵。

金乡陈氏第四巷第 15 世"启"字辈的耀卿公，名崇鼎，是七个兄弟中最小的，在温州小高桥开米行，字号为"陈七房"。耀卿公的故居在落霞镇塔下六号，即现在的温州市区松台山八角井至来福门一带。这座三退大宅紧贴红极百年的曾宅花园，原是曾家为出嫁女儿所盖，后被陈氏所购。

耀卿公有五子一女。五个儿子的谱名依次为：亦谟（励任）、亦鸾（云舟）、亦燃（禹门）、亦常（守庸）、亦侯（承遵）。

辛亥革命时期，在温州史册上留名的陈守庸、陈云舟、陈禹门，还有故宫博物院的金编钟保护者陈亦侯，都是金乡第四巷陈氏第 16 世孙。耀卿公墓志铭上刻的"大地秘箴宣瑞脉太邱有德种心苗"这十几个字，让后人更加容易理解陈氏家族的价值观和家风。

转移金编钟

陈亦侯是清朝末代举人，年轻时在京师译学馆学习外文，毕业后在湖南师范学堂任教英文。1912 年入上海浙江兴业银行，1927 年应盐业银行总经理吴鼎昌邀请，在盐业银行北京分行任襄理，1929 年调任盐业银行天津分行，后任分行经理、天津银行同业会会长，兼开滦矿务局董事和恒源纱厂董事。

陈亦侯人生最出彩的是他冒死保护金编钟的故事。

1922 年，溥仪娶婉容，婚礼排场大，却没有钱。皇帝将清宫珍藏的贡品金编钟一套 16 件和一些珍藏做抵押，向北京盐业银行借款 40 万。

乾隆时期的金编钟就这样被典卖出了故宫的高墙。

这套金编钟由一万多两黄金铸造而成，每一件编钟的背后有"乾隆五十五年造"的款式。编钟上瑞兽复为纽，两条蟠龙跃然其间，波涛云海环绕金钟，彰显着帝王尊贵之象。更令人称奇的是，与铜编钟以大小不一来定音不同，这 16 只黄金编钟外表大小一致，是靠其厚薄不同来定音的，实属稀世之宝。

金编钟的制造工艺让人啧啧称赞，它发出的和谐清脆音调，让人叹为观止。这编钟不仅是历史文物，也是艺术珍品，折射出康乾时期国力的强大。

北京前门不远的地方有一条叫西河沿的小街，离街口不远的洋楼就是当年的盐业银行。

盐业银行创办于 1915 年，创办人张镇芳是清朝的进士，曾做过江西督军、长芦盐运使。他与袁世凯是亲戚，在创办盐业银行时，争取到袁世

→
温州六位名士摄于 1913 年春节。左二为陈守庸

淞濱六影

黄齊庵賽

劉文夌雲

張雷潛

劉盧守

陳庸

徐寄顧

舊曆丑元旦癸

凯的支持。盐业银行官商合办，资金雄厚，据原天津史志办主任郭凤歧介绍：20世纪20年代，溥仪把宫中的金银财宝典给盐业银行时，盐业银行当时的总经理是吴鼎昌，副总经理是朱虞生和陈亦侯，陈亦侯同时又是盐业银行天津分行的经理。

典押契约到期，溥仪却无力赎回，这些文物就留在了银行。1931年"九一八"事变，东北三省被日本人占领，时局动荡，华北危急。盐业银行的高层开始为这批财宝担忧，他们秘密开会，决定将金编钟和一批故宫珍宝，转移到位于天津法国租界内的盐业银行天津分行，总经理吴鼎昌将此次国宝的转移工作交给了他信任的盐业银行副总经理兼盐业银行天津分行经理陈亦侯负责。

坐落在天津赤峰道12号的大楼，就是当年位于法租界的盐业银行天津分行。这座建于上世纪20年代的洋楼，高大气派，营业大厅用大理石铺面，显得富丽堂皇，楼梯间的玻璃彩窗上描绘着长芦盐场兴旺的景象。重要的是在这座高大坚固的建筑物的地下，有着迷宫般的地下库房。为了保险起见，地下库房还建有带夹层的暗室，这里就成了金编钟的藏身之地。

1932年，金编钟被运送到英租界的天津盐业分行银库内。

抗战爆发，天津将沦陷，陈亦侯曾经请示吴鼎昌：国宝万一无法保住，怎么处理？吴鼎昌回电是一个"毁"字。陈亦侯深知金编钟的价值，他坚守着一份信念：要奋力保护国宝，决不让其落入侵略者手中。

陈亦侯很信任好友——时任天津四行储蓄会总经理胡仲文的为人，心中盘算着金编钟的藏身之地，非四行储蓄会的地下密室莫属。他与胡仲文商量后，将金编钟转移到天津四行储蓄会的秘密小库房。

"金编钟放进这个小库房之后，我父亲借口时局不好要储存一些煤，因为他是开滦矿务局的董事，所以就跟开滦矿务局要了几吨煤。然后就把整个库房装进煤堆里去了。"陈亦侯的三子陈骧龙认为父亲的做法真可谓万无一失。

国宝交给国家

转移金编钟这件事，几度让陈亦侯险遭杀身之祸。

金编钟转移后第三天，日本人派20多名军警冲入银行搜查，还把陈亦侯"请"到宪兵队，软禁起来，以死威胁他。陈亦侯一口咬定金编钟早已销毁，让蓄谋已久的特务无计可施。日本兵走了，国民党的接收大员，还有军统头子戴笠又到天津追查金编钟，还暗下密杀令。

1945年底，军统头子戴笠来到天津，重建天津的特务组织。当时戴笠找到陈亦侯，问他金编钟的下落，并且还带着人马，到盐业银行进行搜查，他们搜到地窖，没有发现金编钟。阴险的戴笠又密授天津警察局局长李汉元，让他去抓陈亦侯，追查金编钟。不料李汉元与陈亦侯是莫逆之交，抗战时日本人追杀李汉元，是陈亦侯冒死救他，并送他安全出逃到香港。

陈亦侯的救命之恩李汉元铭记于心，他将戴

笠下密令暗杀陈亦侯的事和盘托出，并当着陈亦侯的面销毁密令。到了 1946 年 3 月 17 日，戴笠乘坐的飞机撞山失事，葬身火海，追寻金编钟的事也就不了了之，陈亦侯又躲过一劫。

陈亦侯临危不惧，机智应付，他是冒着生命危险保护了中华瑰宝。

中华人民共和国成立，陈亦侯与其好友胡仲文将他们冒死保护了二十多年的国宝清单一一整理出来，交给故宫博物院。直到 1981 年峨眉电影制片厂将陈亦侯与胡仲文历经劫难，保护金编钟的故事拍成电影，他们的护宝事迹才被世人盛传。

后来陈亦侯又将手头的两千多件文物造了厚厚的清册全部送给了天津博物馆和故宫博物院。据著名书法家、陈亦侯的儿子陈骧龙回忆：父亲一生酷爱收藏，惜宝如命。天津博物馆成立时，他把自己珍藏多年的多件善品、孤品无偿地捐献出来，如八大山人的墨荷长卷等。后来，此墨荷长卷成为天津博物馆书画馆中的镇馆之宝。

中华人民共和国成立后，陈亦侯因为护宝有功，得到党和政府的厚待。1970 年陈亦侯逝世，骨灰被安放在天津革命烈士公墓中。

陈骧龙是陈亦侯先生的三子，天津文史研究馆馆员、著名学者、书画家，供职于天津人民美术出版社，曾担任《华人文化世界》主编。他一生淡泊高洁，学养深厚，重传统讲功力，书画造诣极高，尤以泥金小楷和金碧山水独秀同侪，富雅秀逸自成一格。陕西黄帝陵前 3000 余字的《五帝本纪》、山东曲阜孔庙里挂满一面大墙的《论语》，都是陈骧龙创作的泥金巨幅书法作品。

2004 年陈骧龙在接受家乡记者采访时曾说：我是永嘉人，我也有温州人的特点，喜欢满天下跑。

赵超构与《延安一月》

富晓春

每一幅老照片的背后，都隐藏着一个过去的故事；每一个故事后面，都有着一段记录时代的历史……在赵超构身后留下的几本相册里，我发现一张有点破旧的个人照，格外引人注目。他的女儿赵刘芭说，这是他父亲生前最喜欢的一张照片，虽然画面有点模糊不清，但它的历史意义非同小可，原来这是赵超构当年跟随中外记者访问团到延安时拍摄的。画面中戴着金丝眼镜的赵超构，意气风发，左手横放在胸前形成一个八字，洋溢着对新生活的无限向往。这张照片，在我国有关的新闻史记或介绍赵超构的书籍中经常出现，它向人们默默地讲述了当年赵超构采访延安的难忘岁月……

阴差阳错促成行

赵超构（1910—1992），笔名林放，温州市文成县人，是我国杰出的新闻工作者、著名杂文家、社会活动家。1944 年初夏，赵超构作为《新民报》的特派员，参加中外记者团访问延安，受到了毛泽东等中共领导的接见与款待，写出了媲美埃德加·斯诺《西行漫记》的《延安一月》。

此书客观公正地反映了革命根据地的实际情况，冲破了国民党的新闻封锁，用事实驳斥了国民党对共产党和解放区的攻击与诬蔑，让国统区人民大开眼界。周恩来称之为"中国记者写的《西行漫记》"；毛泽东看了后说："在重庆这个地方发表这样的文章，作者的胆识是可贵的。"

1944 年，抗日战争的炮火弥漫在中华大地上。中共军队积极主动接应美英同盟军，驻重庆的外国记者团对陕甘宁边区充满了好奇，多次提出采访的要求，但均被国民党当局以各种理由阻拦。国民党军在豫湘桂战役中遭到惨败后，引起了盟国的强烈不满，要求国民党军队从陕甘宁边区布防圈撤出，并允许外国记者团访问延安。国民党当局迫于当时的形势，表面上只好勉强同意，暗

延安一月

著構超趙

新民報文藝叢書之六

延安ひと月

趙超構

中國文化社

↑
1944 年，赵超构在延安

←
《延安一月》重庆首版书影（1944 年）
《延安一月》日文版书影（1946 年）

地里却百般刁难，改"延安采访团"为"西北参观团"，规定外国记者不能单独前往，须中国记者一同参与。

作为民间报的《新民报》，也分得了一个难得的采访名额。当时的采访部主任浦熙修，人称"报坛女杰"，善于提问，口齿伶俐，长期活跃于陪都新闻界，她成了报社推选前往采访的不争人选。报社将名单报上后，却被刷了下来。原因是浦熙修思想进步，与中共方面关系过于密切，她的弟弟与妹妹都在延安闹革命，妹妹浦安修还是中共要员彭德怀的夫人。当时浦熙修夫妻不和，正在闹离婚，其夫袁子英三天两头跑到报社阻止，也不愿意她赴延安。

报社只好另派人选，有意思的是还轮不上赵超构。赵超构虽已是主笔，但在报社属少字辈，且他主攻的方向是短论，与这外勤采访似乎不太沾边。"三张"中的老大哥张恨水资历老，政治倾向中立，又因写言情小说声名鹊起，报社便荐他去。对于这个人选，共产党欢迎，国民党也不反对，似乎是个不二人选。可临行前，又出了状况，张恨水家有人暴病，他"不忍离开，只得临时退出"。在这节骨眼上，报社与国民党中宣部紧急磋商，最后以"特派员"的身份派赵超构参加。对国民党而言，这位33岁的主笔堪称"绝佳人选"：一是年轻不经世事，又是初次外出采访，山高路远人地生疏；二是他两耳重听，生性木讷，说一腔难懂的温州方言，绝对交际障碍。国民党当局将此当作笑话："哈哈，就让这个聋哑记者去吧。鸭子听雷不知所云，到头来竹篮打水一场空！"

赵超构在毫无思想准备的情况下，突然间便要迈上延安的"神秘之旅"。由于国民党长期的封锁政策，人们对当时的陕甘宁边区，还存在着诸如"共产共妻"等各种负面的猜测。因此，对于

赵超构此行，有人庆幸也有人担忧。赵超构父亲赵标生千叮咛万嘱咐："路上务必小心谨慎，多看少说，更不要写文章。你们只是参观团嘛！"

临行前，《新民报》老板陈铭德设宴饯行；老大哥张恨水在副刊上撰写《送沙先生西游》，以壮行色。赵超构对此行心里无底，便向张恨水征求意见："恨老，你说，我到了延安，应该采取什么态度呢？"

张恨水老成持重，沉吟片刻，关切地说："观察最好一切客观。小老弟，至于你的观感如何，有什么批评，那倒主观一点也可以。事实的存在是一件事，你对于这存在的事实作何感想，又是一件事，最好不必混为一谈。"

赤足结识毛泽东

5月17日，中外记者参观团从重庆出发，开始了经华北到西北的艰难行程。他们第一站到达西安古城，本来过洛川可直达目的地延安，但国民党当局为了让记者团感受阎锡山的反共宣传，偏要绕道山西地盘，以致经过了半个多月的长途跋涉，他们才到达延安。

宝塔山巍然耸立，延河水缓缓流淌。在延安交际处，记者团受到热烈欢迎。毛泽东、朱德等专门设宴款待，周恩来亲自给赵超构讲解长达四小时的《新民主主义论》。他们见到的中共要员，还包括贺龙、叶剑英、林彪、王震、杨尚昆、博古等。对于赵超构来说，延安之行最大的收获就是结识了毛泽东。

那天早上，记者团每人都收到了一张浅红色的请柬，中共领袖毛泽东要会见记者团全体人员。临上车的时候，赵超构发觉自己仓促之间，竟然忘了穿上袜子，光溜溜地赤着脚，套着一双新买

的凉鞋，显得太不庄重了。他想回去穿上袜子，但前来接待的同志信誓旦旦地说："毫无关系的。到了那里，你会发现比你穿得更随便的人。咱这边是不讲究这些细节的。"

渡过清浅的延河，他们来到了杨家岭中共中央大礼堂。在中共中央军委秘书长杨尚昆的引导下，大家走进了大礼堂后面的会客厅。赵超构发现"许多延安干部穿着草鞋来会见他们的领袖"，这才彻底放了心。因此，他坦然地倚靠在土沙发上，"伸着赤裸裸的一双脚，点上一支此间最名贵的曙光牌烟卷，解除了所有做客人的局促与矜持"。

这个客厅，是当年延安最漂亮的房间，"又长又宽，两边陈设沙发，中间是一排可以坐40个人的丁字形桌子，洁白的桌布，摆着鲜花"。墙壁上悬挂着中美英苏四国领袖像，两头分挂着斯大林与毛泽东的大幅油画。

约莫等候了半支烟的工夫，毛泽东昂然走了进来。在周恩来的介绍下，毛泽东与记者团成员一一握手。周恩来请大家在会议桌两边落座，接见谈话会便正式开始。

赵超构在《延安一月》中，描述了毛泽东给他留下的最初印象：

> 身材颀长，并不奇伟。一套毛呢制服，显见已是陈旧的了。领扣是照例没有扣的，一如他的照相画像那样露出衬衣。眼睛盯着介绍人，好像在极力听取对方的姓名。

> 谈话时，依然满口的湖南口音，不知道是否因为工作紧张的缘故，显露疲乏的样子，在谈话中简直未见笑颜。然而，态度儒雅，章节清楚，词令的安排恰当而有条理。我们依次听下去，从头至尾是理论的说明，却不是煽动性的演说。

> 这是中国共产党的领袖毛泽东先生。

> 听取谈话中，我有更多的余暇审视他。浓厚的长发，微胖的脸庞，并不是行动家的模样，然而广阔的额部和那个隆起而端正的鼻梁，却露出了贵族的气概，一双眼睛老是向前凝视，显得这个人的思虑是很深的。

谈话会整整持续了三个钟头，先听取毛泽东的谈话，然后由中外记者提问，然后再进行座谈。毛泽东从国际谈到国内，又从欧洲开辟第二战场，分析世界反法西斯战争的形势，整个谈话长达一个半钟头。赵超构在《延安一月》中，将其概括成一句话，那就是"希望国民政府、国民党以及一切党派，从各方面实行民主"。有几个记者故意抛出敏感话题，刁难主人，毛泽东沉着应对，用几句不经意间的幽默话，便轻松地将对方挡了回去。

毛泽东沉稳自如的谈吐、敏锐的才情风度，使赵超构心生敬畏。他甚至暗自思忖：倘若将毛泽东这一番关于民主的谈论摘出来，放在重庆任何一家报纸上做社评，都不至于引起特别感觉的。

晚宴以后，记者参观团人员被安排在大礼堂看戏。赵超构因双耳重听，便拣了个第一排中间靠近舞台的位置坐了下来。他一看节目单，当晚演的剧目是《古城会》《打渔杀家》《鸿鸾禧》和《草船借箭》四出。

在开幕前的锣鼓声中，赵超构正在考虑这四出戏，是否有着共产党政策宣传的意味，突然发现自己右边坐着一个人，侧身一看，与他并肩而坐的不是别人，正是毛泽东。一时间，赵超构感到有点局促，但立刻便觉得坦然。因为此时的毛泽东，并不是下午"坐在主席位上的肃然无笑容的人"，而是"一位殷勤的主人"。他大概是喝了几杯酒，两颊微酡，兴致勃发，不停地递烟让茶，朋友似的与大家攀谈说笑。

毛泽东向赵超构打听两个人，一位是重庆新闻界"三张一赵"之小说大家张恨水，他称张恨水的抗战小说《水浒新传》很适合八路军战士看。另一位就是《新民报》记者张西洛，毛泽东说："那个小张，是否还在《新民报》？你回去后，一定要代我向他问个好！"

赵超构与毛泽东正聊着，台上的好戏开场了。他们饶有兴趣地观赏演出，赵超构自谦说"对于平剧缺少修养"，毛泽东也说"对于平剧没有研究"，但都承认"很喜欢看看"。当剧中人物出场时，只见毛泽东时而自言自语，像是对邻座客人发表什么感想；时而又拍掌称快，倏地环顾一下四周的客人，然后恣意畅怀大笑起来，简直旁若无人。

事后，赵超构与人谈起初见毛泽东的感受，他说："完全出于意外的轻松！"《延安一月》里他这样评价毛泽东："毛先生是有着和我们一般人所共通的幽默和趣味的。他并不是那些一谈政治报告便将趣味性灵加以贬斥的人物。"

"文人群像"觅真相

重庆国统区，有关延安的谣言四起，说延安整风整死了很多文化人，国民党御用的通讯社、报刊借机大做文章。赵超构随中外记者参观团路过古城西安时，听说当地曾为在整风中"已被处死"的丁玲、陈波儿等几十个文化人开追悼会，追悼会的对联就是"无定河边一堆骨；延安城内三整风"。

一到延安，赵超构就向交际处提出要见文化界人士的请求。吴玉章、周扬、丁玲、陈波儿、陈学昭、成仿吾、柯仲平、范文澜、李初梨、萧三、艾思奇……这些大后方读者关心的文化人，他都要一一访问，他要眼见为实，一探究竟。其中丁玲、陈波儿、王实味三人，是赵超构关注的重点对象。因为对于国统区的人来说，他们都是"已被整死"的人。

在王家坪朱德将军的招待会上，赵超构向邓颖超正式提出见丁玲和陈波儿的请求。延安方面马上作出反应，在边区政府的宴会上，有意将赵超构与她俩安排在同一席。可之后数日，宴席上始终不见她俩的身影，这更增添了赵超构内心的不解与疑惑。在随后召开的文艺界座谈会上，赵超构终于见到了丁玲。丁玲解释说，因为下雨水涨，过不了河，故而没来出席宴会。

在赵超构眼里，丁玲是个"有一点像女人"的女人：大眼、浓眉、粗糙的皮肤，矮胖的身材，灰色军服，声音豁亮。还有一点，让赵超构"难于令人相信她是女性"，因为她还会抽烟，还会与男人一起豪饮。在午餐时，赵超构终于发现她"还保留住最后一点女性"："当甜食上桌时，她捡了两件点心，郑重地用纸包起来，似乎有点不好意思，解释道：'带给我的孩子。'然后非常亲切地讲了一阵孩子的事情。只有在这时，丁玲露出了她母性的原形。"

丁玲独特的个性与生活经历，引起了赵超构浓厚的采访兴趣。端午节那天，赵超构在柯仲平

→
1991 年 12 月，当年与赵超构一起参加延安访问团的外国著名记者爱泼斯坦（中）来访，两位老朋友热情地交谈

的陪同下，专门访问了丁玲，还参观了她的住所。丁玲的烟瘾很大，大口大口地吸进，大口大口地吐出，似乎"有意显示她的豪放气质"。赵超构请她说一说战地生活，她略作思索，就用说书的语调娓娓道来。她介绍了边区文艺运动的概况，一口气讲了好几个战地故事。

这次访问，匆匆一晤，未及深谈，双方都觉意犹未尽。过后的一天，他们又相约"干几杯"。这一次，赵超构拉上另一位记者同行，四个人来到新市场"大众合作社"下馆子。那是延安最大的酒楼。其实，全延安只有两家馆子，另外一家叫"醉仙楼"。此前，赵超构在"醉仙楼"吃过饭，菜的好坏且不说，那"停留在菜刀上的苍蝇，多到好像铺上一层黑布"，赵超构不敢再去领教了。

几杯老酒下肚，宾客双方谈兴大增，天南地北，海阔天空，漫无边际。酒添了好几回，茶也添了好几回，话题接着一桩又一桩。最后，话题停留在写作上，他们竟借着酒兴激烈地争论起来。而

此时，柯仲平已经烂醉如泥了。赵超构望着丁玲高谈阔论的样子，想起沿途听到的为"已被处死"的丁玲开追悼会的传言，不禁哑然。

因《野百合花》闹出问题来的王实味，在"已被处死"的延安文化人中，似乎是最确凿无疑的一位。当赵超构与《国民公报》的周本渊向交际处要求访问此人时，其实是不抱希望的，他们以为延安方面不会同意，或者说根本就没有这个人了。

让赵超构诧异的是，那天他竟然与王实味见了面，还在丁玲的陪同下一起在文协吃了一顿饭。在赵超构的印象中，王实味是一个"瘦长的男人"，见面时双方都显得有些紧张。赵超构担心一谈《野百合花》会伤对方的自尊心，但一时又想不出适当的话题。王实味沉默了一会儿，先开了口，居然主动谈起自己的事情来了。

王实味原名诗微，河南潢川人。他早年从事翻译，还写过一些文学评论和杂文。因发表《野

百合花》等文章，1942年在延安整风中受到批判，同年10月被开除党籍，年底被关押。赵超构与他交谈时，他谈话的神情完全像是在演讲，时刻舞着手势以加强语气，说到他过去的错误，表情严肃得可怕。有时，竟声色俱厉。为缓和空气，赵超构换了话题，劝他重操旧业，翻译外国小说。王实味情绪突然激动起来，坚决地说："不！我现在正对政治发生兴趣，以后还要参加政治活动的。"

据赵超构观察，王实味难掩"野百合花事件"给他带来的创伤，神志似乎有点不太正常。但王实味的确还活着，这一基本事实，毕竟是千真万确的了。

赵超构要访问的延安文人中，如张庚、萧军、欧阳山、何其芳等，因时间原因而未见，但见到王实味之后，事实上其他人见或不见，似乎已经不是那么重要了。虽然有些人并未深谈，只是"三言两语"，但留给赵超构的印象却刻骨铭心，难以忘怀。最重要的是，通过对延安文化人的访问，让他从过去的疑惑中，逐渐了解到了延安文化人生存现状之真实的一面。

《延安一月》激风雷

赵超构访问陕甘宁边区，写出了13万字的长篇通讯《延安一月》。他是记者参观团中最勤快的一位，从重庆启程仅三天，他就从西安发回了第一篇通讯《西京情调》，离开古城西安到达临潼时，又发出了《临潼小驻》。从延安回到重庆，正是酷热难当的大伏天，他将自己关在简陋的房间里，挥汗如雨，日夜伏案，奋笔疾书。

当时，大后方的民主运动正在蓬勃兴起，国民党新闻检查处向赵超构施压："文章可以写，但不准对比。"为了应付国民党的新闻检查，赵超构巧妙地与新闻官周旋，打"障眼法"，采用"曲笔"法写作。为此他"每天在编辑室候至深宵，等送检小样取回，斟酌修改""虽被删扣之处甚多，因作者处理手法巧妙，仍保留下主要部分"（方奈何：《张恨水和〈新民报〉》）。其中有篇《延安青年》，终被国民党当局扣压，而未能见报。

《延安一月》在重庆、成都两地的《新民报》，前后连载81天。一开始每天只刊登七八百字，后来应读者强烈要求，每天增加版面刊登两千多字。在报上连载完毕后，随即结集出版单行本，成为读者争相竞购的畅销书。五个月内再版三次，发行数万册；抗战胜利后又在上海出了两版。其间，全国各地的书商还竞相盗版印刷，有些地方甚至出现了手抄本油印本，大有"洛阳纸贵"之势。

当时，重庆、成都两地的一些书店，沿街的橱窗里，都陈列着新出版的《延安一月》，《新民报》借助《延安一月》销量大增。1946年，此书在刘尊棋、谢爽秋推介下，还在日本出版了日译版。日本读者推崇它是继《西行漫记》后，又一本介绍中国共产党的书籍。

《新民报》创始人陈铭德、著名作家张恨水分别为《延安一月》撰写序言。全书分为两个篇章，即"西京—延安间"和"延安一月"，共计47篇文章。内容包括经济、社会、文化三大类，主要篇目有《毛泽东先生访问记》《延安文人群像》《端午节访丁玲》《关于新民主主义》《延安新女性》等。

《延安一月》为世界打开了一扇了解陕甘宁边区的窗口，澄清了外界关于延安的种种猜测与传言。赵超构在书的结尾《写完〈延安一月〉》中说："我所能够告诉读者的，不过是我所见的延安，只要我不指鹿为马，不颠倒黑白，在我就算尽职了，我不能勉强别人必须同意我的看法，也不能为了别人的喜欢或不喜欢而牺牲自己的观点。"

当时的中共机关报《新华日报》，特地购买了
两千册《延安一月》送到延安，受到了解放区读
者的欢迎。毛泽东、周恩来对此大加赞赏，周恩
来将此书比作斯诺的《西行漫记》，要党的新闻工
作者向赵超构学习；1945 年，毛泽东到重庆谈判，
在潘梓年、夏衍、章汉夫的面前表扬了赵超构。

《延安一月》使赵超构声名大振，到处有人请
他作报告。他怕招惹是非，一般不轻易去演讲，
但有些实在是碍于情面，只得前往应酬。1945 年
春天，他应邀到西迁至成都的金陵大学演讲《延
安印象》，并回答学生的现场提问。这次演讲盛况
空前，各大院校千余名师生前来听讲，当时的主
流报纸，以及学生进步刊物《燕京新闻》均作了
专题报道。

赵超构从延安带回了好几张照片，除了他与
毛泽东、朱德、周恩来等中共领袖的合影外，还
有一张窄窄长长的像电影胶片似的照片，是反映
延安的群众在广场上集会的情景，画面上人山人
海，红旗招展，煞是壮观。他在每张照片的背面，
都留下了有关图片说明的手迹。访问延安，对赵
超构而言，是人生路程中一个重要的转折点。它
使名不见经传的赵超构一举成名，誉满天下，就
此与毛泽东建立了特殊的私人关系，也奠定了他
在中国新闻史上不可替代的重要位置。

↑
赵超构（1910—1992）

古镇上的爱情传奇

施菲菲

王载纮和宋爱兰的爱情故事被媒体誉为鳌江版的"罗密欧与朱丽叶"。

看到照片中依偎着丈夫，又被四个儿子簇拥着的笑意盈盈的宋爱兰，可以断定：这是一幕爱情喜剧。王载纮和宋爱兰演绎的这幕喜剧有投身抗日救亡运动和远赴昆明西南联大求学作背景，比世界经典爱情剧更具高度与厚度。

青梅竹马

王氏和宋氏是鳌江古镇上两家有实力的大户。王家居鳌江上埠，经营名闻东瓯的"王广源商号"；宋家居鳌江下埠，经营享誉浙南的"宋元春砺壳行"。不知祖上因为哪场官司，王宋两家结怨，成了几代人不相往来的仇家。

民国时期，上了小学毕业班的王家六少爷和宋家大小姐正好都在鳌江小学的同一个班级读书。童心无忌，他们一起在学海里遨游，在学业的疑难中切磋，在成绩的排名榜上较量。课余还牵手到野外玩耍，两小无猜地相处。耳鬓厮磨，日久生情，王载纮和宋爱兰竟然相爱了。

王载纮在他后来的《回忆录》中说：我和爱兰在鳌江小学毕业班虽只短短的一年，但这一年对我俩的终生生活却起了决定性的作用……

两个有志向的年轻人初中毕业后，各奔东西，王载纮考上天津南开中学，宋爱兰考上杭州高中。距离并没有冷却他们心中的爱意，鸿雁传书把他们相互之间的倾慕表述得更加缠绵。

"非宋爱兰不娶""非王载纮不嫁"的山盟海誓背后，那个家族阴影又该如何消除呢？当局者从来没有顾虑，旁观者却不免为他们担忧。

高中毕业，他们一起来到上海，决定报考他们心仪的大学。"八一三"事变，淞沪会战爆发，王载纮和宋爱兰只得回到老家。

当时的平阳可以说是浙南抗日救亡运动的中心之一，在北平求学的一批爱国学生，回到平阳鳌江，把京城的抗日烈火引燃到平阳。他们发动平阳青年、市民投身到抗日救亡运动中。王栻、陈德煊等人组织"平阳青年抗日救亡团""抗日宣传队""烽火剧团"等，还创办了平阳县第一份日

报《平阳日报》，创办了平阳县第一所中学"平阳临时中学"。在这支激情燃烧的抗日救亡大军中就有并肩战斗的王载纮和宋爱兰，演讲、贴传单、演出、军训、巡逻——崇高的爱国情怀使两颗年轻的心贴得更紧。

王载纮和宋爱兰不仅"郎才女貌"，还"郎貌女才"，在同学好友赞叹、羡慕的目光中，他们无所顾忌，勇往直前。社会动荡的年代，"革命加爱情"是当时一种时尚，王载纮和宋爱兰在相对封闭的江南一隅生动地大胆地表述着这种先进，在年轻人中无疑具有引领作用。

可喜的是当时王宋两家的长辈还没有得到他们相恋的信息，"棒打鸳鸯"的摧残还没有落到这对沉浸在幸福之中的恋人头上。

抗战爆发后，清华、北大和南开南迁，先到长沙，后在昆明成立国立西南联合大学，铮铮铁骨的学者梅贻琦先生是联大当时的校长。

学业优秀、志趣相同的王载纮和宋爱兰都考取了西南联大。1938年春，西南联大发出开学通

←
王载纮

王载纮初中毕业后即离开家乡在外读书

→
王载纮、宋爱兰与四个儿子的老照片

知，全国各地的学生纷纷前往昆明报到。在鳌江从事救亡活动的学生中还有五人与王载纮、宋爱兰同行。

战乱中温州直达昆明的交通中断，他们只能选择在温州搭轮船去香港，然后到越南，再从越南河内坐车到昆明。当时，温州到香港的航班很少，所以一票难求，乘客爆满，码头上人山人海，非常混乱，幸亏七人同行，大家互相照应。

有人说：西南联大是中国教育史上的珠穆朗玛峰！在战火纷飞的年代，一群读书人不畏枪林弹雨，不惧条件艰苦，千里跋涉，汇集到昆明。联大的学习环境非常艰苦，把牛棚、茅草房当教室，遇到敌机轰炸，就在山沟沟里坚持上课。没有书桌、椅子，就坐在地上上课。"天下兴亡，匹夫有责"，在民族存亡的危急关头，西南联大师生置任何艰难困苦而不顾，教师为国家振兴而教，学生为抗日救国而学。"刚毅坚卓，明德睿智"的联大精神支撑着他们，在风雨如晦的日子里，凭着一身风骨，守护国家文脉，他们用热血和青春书写了一段波澜壮阔的中国文化史。

一路上颠沛流离，他们七个人走了一个多月总算平安到达昆明。王载纮和宋爱兰都进入了西南联大理学院的化学系。因为路阻，他们已迟到一个月。办了入学手续，两人立即投入紧张的学习中：补落下的内容，赶新教的功课，忙得不亦乐乎。昆明四季如春，风景优美。课余，热恋的年轻人也会去林间湖畔浪漫，也会按下相机的快门，留住他们在西南联大那段不寻常的经历。

王载纮在晚年的《回忆录》中写道：不久，照片中的两青年便结婚了。命运很早就把他俩拴在一起。十年来的发展道路上，他俩两颗纯洁的心，丝毫没有污染于外界的风尘，一直在健康地发展着，这个世界好像根本不存在什么风尘会损坏这两颗纯真而清洁的心！

陷入困境

王载纮和宋爱兰结婚的消息传到鳌江，王宋两家决然不承认这桩婚事。王家给儿子发出"着速离婚"的信函，后登报声明"父不以为子，兄不以为弟"，并狠心斩断给儿子的全部费用；宋家也一样，宋老爷大发雷霆，声明：对不争气的女儿将一文不济。

两个富家子弟，一下子陷入衣食无着的困境。那年暑期，他们去投靠也撤退到云南玉溪的著名化学专家、爱兰的大哥宋廷干。不久宋爱兰怀孕生下长子王孙力。

经济上捉襟见肘的哥哥全力以赴帮助妹妹和妹夫，但还是力不从心。宋廷干于是写信回家，为妹妹说情，告诉家人产后的爱兰因为营养不良，身体极度虚弱，婴儿又嗷嗷待哺，生活十分困顿。拳拳慈母心，得知女儿的境况，宋母流泪不止，瞒着丈夫，悄悄给女儿资助了100银元。

从玉溪回到昆明，营养不良、劳累过度的宋爱兰得了疟疾，只得休学。没有经济来源的新家庭，连一日三餐都无法维持。明智的宋爱兰毅然决定：为养活儿子，为让丈夫安心地完成联大的学业，必须找个工作。她带着孩子又去了玉溪，在哥哥的帮助下，谋到家庭教师的职业。

坚强的宋爱兰以她柔弱的双肩承担起养家糊口的重任，带着吃奶的孩子，独自一人在荒僻多山的河西县大回村给20多个学生上课，遥遥地期待着丈夫完成学业的日子。

1941年秋，王载纮以优异的成绩从联大理学院毕业并留校当助教。有了经济来源，宋爱兰回到昆明，向学校提出申请，要求复学。于是她回到了联大，继续化学系的学业。

因为日寇飞机经常在昆明投弹，空袭警报有时一天拉好几次，把孩子放在家里不放心，宋爱兰便带着孩子到教室去。她上课时，就让孩子坐在教室外面的台阶上，或者拿一张椅子让他坐旁边。懂事的儿子不吵也不闹，从不影响妈妈上课。宋爱兰曾经自诩：带孩子到教室听课，为她在西南联大时的创举。

抗战最艰苦的那几年，宋爱兰既要抚养孩子，又要料理家务，还要经常躲避敌机空袭，她却以惊人的毅力在四年级上学期就修满了大学学分，从西南联大提前毕业。

志同道合

1944年春，怀揣两份西南联大的毕业证书，带着胖墩墩的儿子，王载纮和宋爱兰回到阔别六年的故乡。

他们的恋爱、求学、结婚、生子的故事，让街坊邻里感动、赞叹，称他们是鳌江版的"罗密欧与朱丽叶"。王宋两家的家长并非冷酷之人，当懂事的王孙力奶声奶气地叫着"爷爷奶奶""外公外婆"时，再坚硬的心也被融化了。

鳌江镇上的世代仇家化干戈为玉帛，成为和和睦睦的亲家。鳌江版的"罗密欧与朱丽叶"被有学识、有胆识的王载纮和宋爱兰推进至喜剧的高潮。

中华人民共和国成立后，王载纮受邀到北京的轻工业部技术局工作。1954年宋爱兰也调到北京，在北京医学科学院专门从事抗菌素的研究。

自此，在祖国的化工领域多了两位为之奋斗的专家。他们的爱情喜剧在复兴中华的大背景中继续着生动的章节。

宋爱兰一生科研成果有"抗菌素、红霉素的提炼研究"等20余项，找到"平阳霉素"等10个国内新的抗菌素，获得技术改进科研成果奖7项。20世纪70年代，抗菌素研究所为了纪念菌种的原生地及宋爱兰在这项研究中的贡献，将其命名为"平阳霉素"。这是在宋爱兰等专家指导下，经过数千次的分土、筛选、培养，终于分离出的一株抗菌素，可喜的是这种新发现的抗菌素具有抗癌的作用。

1988年王载纮受聘为《中国大百科全书·轻工卷》日用化学分支的主编，后又受聘为《化工百科全书》第五卷撰稿人。《化工百科全书》第五卷稿完成后，王载纮让妻子宋爱兰帮他修改誊清。

1990年11月16日，宋爱兰帮丈夫王载纮完成了《化工百科全书》书稿的修改誊写后，欣慰地对王载纮说："你要的东西，我都整理完了。"第二天她突然病危住院，11月20日清晨离世。六年后，王载纮在宋爱兰的生日——农历十二月二十六辞世。六年中，孤身一人的王载纮常常对着妻子的遗像倾诉着思念之情，写下几万字的回忆录，记载他们两人60多年相依相伴、经风沐雨的爱情故事。

照片中王载纮、宋爱兰的四个儿子，个个优秀。王孙力是哈工大研究生，全国人大代表；王孙准是河北医科大学教授；王孙禹是清华大学人文社会科学学院党委书记、教授、博导，享受国务院特殊津贴；王孙威是北京东城规划局经济师。

红色专家

金丹霞

1937 年，24 岁的杨学德和 23 岁的刘纤纤拍下这张结婚照，西装革履、英俊潇洒的男生，一袭旗袍、温文尔雅的女生，堪称珠联璧合，一对玉人——他们从此开启了相亲相伴 70 年的人生旅程。

2009 年 6 月 12 日，95 岁的杨学德老先生平静地走完了自己的人生，与世长辞。他和妻子住了一辈子的谢池巷的老房子毫不起眼地淹没在商铺住家的喧闹中，如今已人去楼空。

杨学德夫妇晚年一直快乐而满足地生活在那座和他年龄相仿的老院子里。风霜雨雪，岁月更迭，简陋陈旧的老屋，早已不复当年的精致和气派，孩子们也纷纷搬离，住进了高楼大厦。而老人依然固执地坚守，甚至不肯请保姆，能自己干的还要亲自动手——只因为，这老屋的一砖一瓦、一草一木都见证了大时代的风云变幻，见证了杨家三代人的付出和成长。

回到家乡

1919 年，出生在杭州的杨学德随父亲杨玉生回到了温州老家。那时，他还是个 6 岁的小孩子。学医的父亲一门心思想在家乡开办中国人自己的医院，于是毅然辞去杭州待遇优厚的公职，携家眷回温，和黄溯初、吴璧华、潘国纲等众乡贤一起创办了瓯海医院（温州医学院附属一院的前身），并出任首任院长。

一家人先是住在石坦巷，后来瓯海医院开始建新院舍了，杨家也在附近的谢池巷建房居住，这一住就是近一个世纪。

老院子以前很大，后门一直通到府学巷，院子里种满了花草树木，有玉兰树、樱桃树、枇杷树，兰花和茶花竞相吐艳——那满院子的花香啊，氤氲了杨家三代人的记忆。

温州著名作家叶永烈在他的自传《追寻历史的真相》一书中还详细描述过当年谢池巷这个优雅精致的小院——

记得，小时候，我每年春节，都要随父母前往温州谢池巷的一座精致的小院拜年。

←
1934 年在清华、燕京大学读书的温籍学生合影。后排中间为杨学德，其右边被举起者为夏鼐。

↑
上世纪 50 年代末杨学德（第二排右二）长子长女都已考上医学院。老父亲（一排中间）很高兴，率领一大家子人合影留念。

后来，即使在我离开家乡之后，每一次回到温州，也总要去那里拜望。

每一回推开雕花的铁栅栏大门之后，走进院子，便飘来一股"来苏儿"的气味。步上台阶，便进入一幢别墅式的两层小楼。楼下是诊所与药房，楼上则是卧室。

这座私人诊所的主人，说话声略微有点沙哑，叫杨玉生，是我父亲几十年的挚友，我称之为"杨伯伯"。我家有谁生病，差不多都请杨玉生先生诊治。

然而，就在杨学德两兄弟读高小时，为瓯海医院的创办和发展呕心沥血的父亲积劳成疾，患上了肺结核。那时肺结核没有特效药，只能靠营养疗法和空气疗法。于是1925年杨玉生离职休养。

求学谋职

20 世纪 30 年代初，杨学诚、杨学德兄弟先后考上了大学。而且都毫不犹豫地选择了子承父业。杨学诚考取了上海震旦医学院，此后便离开家乡，毕业后在苏州医院工作，直至 60 年代末病逝。

杨学德学习成绩更好，在浙江省立第十中学（温州中学前身）理科班读高中时，便被选拔到杭州高级中学，后来考上北京协和医学院。协和八年制的医学教育在当时是出了名的严格，须先在燕京大学读三年预科，再读五年本科。

杨学德读完三年预科，系统学习了数理化、生物学、遗传学等课程，还有人文科学，包括文史、社会学、心理学等，打下了扎实的基础，直至晚年他还能熟练地用英文讲出很多医学术语。他在这所中国著名的高等学府度过了青春飞扬的

三年——身着白大褂和同学们在实验室忙碌，脚踏运动鞋在足球场上驰骋，当年的年级毕业纪念册上有他挥笔写下的卷首语：岁月不居，韶华易逝，在榴红照眼时，在仲夏的熏风里我们别了……

杨玉生对两个儿子的培养可说是不惜血本，那时读医科不仅要成绩好，还要运动好，全面发展，只有家境殷实的子弟才能承担得了这笔不菲的开支。其实不仅对儿子，就是对未来儿媳的培养，他也目光长远，舍得投入。

刘纤纤和杨学德订婚后，杨玉生就提出要送她到上海伯特利医院（今上海交通大学附属第九

人民医院前身）妇产科护理学院就读，专门学习助产术。伯特利是当时有名的医院，由胡遵理教士和石美玉博士创办。

比杨学德小一岁的刘纤纤生于1915年2月12日，自幼聪颖，学习勤奋。由于伯特利医院位于上海制造局路，靠近热闹的蓬莱市场和城隍庙，同学们课余经常去购物或游玩，但刘纤纤总是埋头学习，因此成绩优秀，同学们评价她"温柔、和蔼、诚挚、聪颖"。1936年夏，她毕业了。同年出版的《伯特利护士产科年刊》中收有"民国二十五年夏季毕业同学班史"，记载了这批年轻助产士的心声："惟希他日献身社会，服务人群，用其所学，消除病魔，造成健全民族，发展强壮中华。如此，方不负数载习学勤劳，亦正所以答母校之栽培也。"

毕业后，刘纤纤先后在温州白累德医院、温州市第二人民医院任助产士、助产士长。耄耋高龄之时，她依然能清晰地回忆起伯特利学院大门，以及伯特利学院创始人胡遵理教士和石美玉博士，并对伍哲英校长赞不绝口，充满着对学校和老师的感恩之情。

刘纤纤在长期的工作中积累了丰富的经验，医术精湛，技术纯熟，特别是对促进自然分娩，提高产时服务质量，做了不少工作。上世纪60年代的《健康报》刊登了她与同事们的工作经验，引得国内同仁纷纷来信询问技术诀窍。

刘纤纤还在医院里开设助产士专科门诊，为孕产妇提供定期的产前检查，并进行孕期卫生、营养指导及产后的康复指导。她对胎位不正施行外倒转颇有经验，慕名前来求助的人很多，即便退休后还常有人找上门来。

刘纤纤一辈子帮助无数孕妇顺利度过人生险关，帮助无数婴儿平安降临人世，她用自己的医

←
1960年温州市科协颁发给杨玉生的会员证。市科协正是在其子杨学德的倡导下成立的。

↑
杨学德80岁生日时和妻子刘纤纤合影

术救死扶伤，很有成就感。

杨学德却由于身体原因，遗憾地中断了医学学习。三年预科毕业后，他转行和医药有一定关联的化工领域。毕业后正值岁月动荡，战事频仍，杨学德在上海、杭州、温州辗转求职谋生。其间，他任过大学助教、化工厂化学师，也自己办过小工场，然而生活依然无法保障，工作始终不能安定。苦闷中，他翻出自己过去抄的读书笔记，那么认真清晰，图形结构一丝不苟，文字部分则全用英文书写——一页页看着，杨学德竟忍不住落下了眼泪——学了这么多知识究竟何时才能派上用场？

施展才华

1950年，温州和平解放后不久，求贤若渴的市领导点名让当时在市立中学担任化学教师的杨学德参与温州工业建设，这个化工专业的高才生终于有了施展才华的机会。

20世纪50年代初电化厂筹建，50年代末温州化工厂筹建，70年代末浙江省明矾石综合利用研究所筹建，他都是主要负责人之一。

电化厂是温州解放后建成的第一家化工厂，也是浙江省最早的两家氯碱厂之一。它的建成为温州市的化工、轻工、造纸、纺织等的发展奠定了基础。因为杨学德的突出贡献，1953年，他被评为市劳动模范。1954年，调任市工业局副局长，倡导和创办了工业局下属的化工实验室和机械实验室，这是解放后温州最早出现的工业科技研究机构，温州市工科所的前身。

1956年9月，杨学德，这位从旧社会走过来的知识分子，光荣地加入了中国共产党，实现了他"要做一名红色专家"的愿望。同年，他被推选参加全国第一次科普积极分子大会，受到了毛泽东等党和国家领导人的接见。

那是个百废待兴、百业待举的年代，各行各业都需要大批人才，但由于当时培养工业技术人员的温州工校搬迁杭州，大部分教师随学校去了省城；东北重工业基地两次南下温州，招聘走了一批技术骨干，导致温州工业人才奇缺。温州传统的工业强项如纸伞、打字蜡纸、面砖等产品质量大幅度滑坡，出口产品大量退货，严重影响了温州的声誉。

杨学德亲自到厂里蹲点，改革配方，为了解决面砖尺寸公差、翘曲度不合要求；打字蜡纸在不同气候条件下变质，打外文字母打穿皮膜等问题，多次实验改进，有的实验甚至进行了351次，才成功研制出新配方。

中华人民共和国成立后十多年间，杨学德的工作岗位几经变动，但总是担当重任，不辱使命。直到"文化大革命"开始，他作为"反动学术权威"受到冲击。"文革"结束后的1978年，已经64岁的杨学德又被委以重任，随化工部考察组赴墨西哥考察明矾石的综合利用，1979年被抽调主持浙江省明矾石综合利用研究所的筹建工作，担任所长、副书记。他负责的项目通过国家科委组织的鉴定，项目小组也被评为省劳动模范集体。

1987年，被公认为"温州工业科技先驱"的杨学德，离开工作岗位，光荣退休。这位教授级高工，时年已73岁。

父爱如山

用杨学德自己的话说，当年真是忙疯了——晚年的杨学德常常坐在谢池巷的老房子里回想昔日情景。他都奇怪：那时候是怎么撑过来的，特别是最初那几年，既要兼着市立中学高中的化学课，又要着手筹建电化厂，两头兼顾。杨学德把四个班的课集中在一个上午讲完，人很吃力，但自己还不觉得，是学生提醒：老师，听不清楚。原来，不知不觉间，声音越来越轻，他都累得讲不动了。

那时，他有一个经典的姿势——腋下夹着书或者资料，低着头，身子略往前倾，急匆匆地迈着步子——杨老师的这姿势还被学生写到了作文里。杨学德说，那是一个充满热情的年代，抓质量，抓管理，抓实干，抓科学普及，那么多难题都需要解决，每天只是工作、工作，连睡觉的时间都没有，走路都是一溜小跑……

终日奔波的父亲显然无暇陪伴孩子，他给七个子女留下了一个忙碌的背影。但他的为人品格、渊博知识和动手能力却在潜移默化间伴随着孩子们日渐成长。

杨学德在单位里一直担任领导职务，因此有一辆公车（自行车）配给他。已经学会骑车的孩子们都很想周日的时候借父亲的车骑，过把瘾。可父亲坚决不肯，说这是公车。他一回到家就把自行车锁起来，钥匙放在自己口袋里保管，生怕孩子们偷偷把车骑出去。父亲的公私分明给小儿子杨继伟结结实实上了一课，此后他再没动过父亲车子的念头，他自己学骑车都是用外面租来的自行车。

三子杨继隆清楚地记得，20世纪五六十年代，物资十分匮乏，父亲自己动手在家里做肥皂。他将油脂加入一定比例的碱后，放在铁锅里煮，沸煮至皂化，然后加盐使肥皂和甘油分离。因条件所限，肥皂中含有较多杂质，色泽深，比市场上买的肥皂要软些，当然也缺少香味，但洗涤效果一点也不差；他还在含糖的冷开水里加小苏打和柠檬酸，利用带有玻璃弹子的汽水瓶做可口的汽水。这些小制作对学化工的杨学德来说都是轻而易举的事，但深深地震撼了孩子们幼小的心灵。看到父亲做的产品，他们欢呼雀跃，用满是钦佩的眼光看着父亲，心底里惊叹着：原来知识是这么神奇！

父亲鼓励孩子们自己动手修电器、装台灯，他还从上海买来木工工具、理发工具，让几个男孩子学着用。这些本事让杨家的孩子受益匪浅，个个动手能力很强。七个子女在父母亲的熏陶下均学有所成，在医疗、教育、工程等岗位上成为佼佼者。

杨学德老先生93岁时，杨家子女为父亲出了本薄薄的小册子《杨学德先生传略》，大致勾勒出了父亲一生的经历和成就。在小册子中，三子杨继隆满怀深情地写下了这样一段话：每次大家庭聚会时，兄弟姐妹聊起过去的岁月，总会谈到父母亲的亲情和恩情……作为后代，我们想最值得他们高兴和欣慰的是，良好的家风一直在继承、发扬和延续。

2009年6月18日，杨学德老先生的追悼会上，花圈丛中，一副挽联道出了后人的心声："克己奉公精诚敬业同仁咸赞许；教诲情切养育恩重晚辈永追思。"

赵璧和她的孩子们

施菲菲

照片中九个孩子是民国时期著名银行家、在温州金融界独占鳌头的厚康钱庄创始人汪晨笙的孙辈，他们的父母是汪宅三房的汪雪怀、赵璧夫妇。

照片左边女性就是汪家三少奶奶赵璧，九个子女从右到左依次为：履实、文艺、履坦、履直、履端、文慈、履夷、文郁、文采。

照片背面有一段赵璧娟秀的题字：漪儿，这张相片是在一九五一年元旦后八日摄于露天，妈借弟妹们各以亲切的热情送给你，以作新年里最宝贵的礼物，并是永远的纪念。

只言片语传递的是对远在他乡求学的长女的殷殷母爱，透露的则是大家闺秀典雅的生活情趣。

三少奶奶

汪家三公子汪雪怀曾担任过厚康钱庄经理、交通银行汇兑、吉祥布店经理、国货公司经理。文才优于经商才能的汪雪怀博览群书，能诗善画，喜欢结交社会名流和才学之士，如朱声周、梅冷生、王希逸、陈仲武等人。民国时期，西山方达庵一年一度桃花盛开，八月十五江心寺浩然楼赏月，汪少爷都会赴约与他们相聚，觥筹交错，吟诗对句。

家资殷实的三少爷，秉承父辈乐善好施的传统，常常出钱资助生活贫困的学子和一些需要活动经费的进步青年。

据汪雪怀留下的自传，汪雪怀曾与邹韬奋、徐伯昕、陈其襄等人共同在生活书店谋事。生活书店于1932年由邹韬奋和徐伯昕在上海创办，是民国时期中共地下党领导的出版马列主义著作和进步书刊的革命书店。生活书店在上海设有合众进出口公司、美生印刷公司、通惠印书店等，汪雪怀均有投资，并担任董监事之职。

抗战时爱国志士沈钧儒在香港生活艰困，香港宝生银号总经理发起筹助，汪雪怀立即慷慨解囊。

←

赵璧和九个子女

↑
丰子恺赠给汪雪怀的画作

革命青年李人俊，曾在汪家厚康钱庄学生意。后来李人俊投奔大别山新四军，是汪家三少爷资助他出行费用，汪家三少奶奶为他打点行装。少东家的支持让李人俊永远铭记。中华人民共和国成立时，李人俊任国家计委副主任、国家石油部部长，还特地来函邀请汪家人到北京做客，知遇之恩，盛情回报。

汪家三少爷一生最得意之事便是迎娶温州绝代佳人赵璧，这对才子佳人的结合，在 20 世纪 20 年代的温州小城成为邻里坊间的美谈。

在汪家大院里，赵璧是公婆妯娌心目中知书达礼温敦聪颖的三少奶奶，在丈夫孩子的心目中，她是贤妻良母。操持大家庭诸多的杂务、打理 14 个孩子的衣食、调和妯娌之间误会和摩擦等是赵璧一年 365 天中孜孜不倦的功课。她全身心地投入，有条不紊地操作，在平凡之中演绎着家庭主妇的不平凡。

如花的容貌，名门的书香，贤惠的品性，糅合成赵璧美丽的人生。汪家长辈欣赏她的贤惠，汪家下辈佩服她的才能，而在 14 个子女眼中，赵璧是庇护着他们健康成长的大树。

才俊子弟

赵璧一共养育了八子六女，在汪门的 73 个春秋，她潜心于相夫教子，对孩子的照顾培养可谓无微不至。

赵璧的孩子们，除两三个因在"文革"时高考停止，没上大学外，其余都在艰难的条件下读完大学，几乎都是高级职称，取得了不俗的成就。

打开《当代温州人物》词典，赵璧的子女中就有三人在册。

大女儿汪文漪是众弟妹成长的模本。汪文漪

1948 年考入南京大学外文系，思想进步，当年就加入中国共产党。1952 年毕业后又考入中国人民大学哲学系读研究生，后被公派到法国巴黎大学留学。回国后，在南京大学任法国语言文学系副教授、教授，曾多次应邀赴法、德、意等国及我国台湾地区参加学术会议及文化交流。二十多年里一直担任中国法国文学研究会常务理事，是江苏省政协委员。她的译作有《夜航》《死神与兵》《误会》等，发表法国文学论文多篇，参与《当代法国文学辞典》的编写。

"我是从大士门离家，是拨弄落霞潭河水长大，每当回到故乡，总不时寻找与追忆旧时的足迹：三牌坊水井、大士门栏杆池、九山河边的大榕树。也寻找小时爱吃的灯盏糕、马蹄松、盘菜生。记得 2002 年在纽约皇后区买菜时，三家中国超市，有两家是温州人开的，一听温州话，好亲切，还有芥菜，腌菜梗……"——汪履钤是从事航空发动机研究的科技工作者，他发回家乡的邮件，充满了游子恋乡的诗情画意。

汪履钤说，他是在父母的"你们要自己飞，飞得高，飞得远，越飞翅膀越硬"的家训中成长飞翔的。1952 年，汪履钤以优异成绩考入清华大学航空系，后院系调整，转到北京航空学院。1957 年成为该校首届毕业生。他参加设计的"涡轴 5"发动机，1978 年获国家重大科技成果奖；主持设计的"涡轴 5 航机泵组"1984 年获国家经委金龙奖等。汪履钤精通外语，能读懂英、法、俄、德、日等国文字的读物，他翻译了近百万字的多种外文资料及文章。

赵璧的三儿子汪履实是照片中居右者，他是温州化工领域颇有建树的专家。1953 年毕业于杭州化工学校，后又进修大专，获高级工程师职称。曾在山东铝业公司、浙江炼油厂工作，1985 年调到温州工业设计院。长期从事机械设计、运行、技术革新及技改工作。

汪履实在山东铝业公司工作时，进行熟料转窑及铝氧窑技改成功，为生产米格飞机的原材料提高了效益，受到新华社记者采访，其事迹在《人民日报》及山东的《大众日报》刊登。

"文革"时，有人在温州五马街贴出大字报，罗列了汪雪怀、赵璧子女名单及他们就读的名牌大学，批判他们的家庭是培育资产阶级黑苗的温床——

汪文漪：南京中央大学。

汪履坚：杭州工业学校（今浙江工业大学），在校参军后进入南京海军学校学习。

汪文修：南京师范学院附中学习，后入北京气象专科学校求学。

汪履钤：清华大学航空系。后院系调整到北京航空学院，为北京航空学院（今北京航空航天大学）第一届毕业生。

汪履实：杭州化工学校（今浙江工业大学）。

汪文艺：温州师范学校，后经学校安排迁移到西安，在西安石油学校（今西安石油大学）地质勘探测绘专业学习。

汪履坦：北京气象专科学校（今北京气象学院）。

汪履直：北京铁道学院（今北京交通大学）。

汪履端：北京农业大学（今中国农业大学）。

社会的大变革，也改变了人们的价值观、人生观。赵璧的 14 个子女，没有一人继承祖业，从事金融行业。新中国，新思潮，也许是受当时"学好数理化，走遍天下都不怕"的影响，他们都选择了理工科。

汪履嵩是赵璧 14 个子女中最小的，他没在照片里，那年他还没出生。汪履嵩 1969 年初中毕业赴黑龙江生产建设兵团支边，1975 年上杭州电子科技大学机械专业求学。毕业后曾担任国家机械电子部 27 研究所结构工艺室副主任、温州日报社基建办副主任、温州检验检疫局技术中心（温州市第一个国家级重点实验室）主任等。

在机电部 27 研究所工作时，汪履嵩参加或独立完成 30 多项科研项目，其中"157A 全机动高精度连续波外弹道测量系统"获国家科技进步一等奖、机电部特等奖；"激光测厚仪"等获机电部一等奖。

汪履嵩文理兼优，不仅是温州市科技人才库专家组成员、国家强制产品 3C 认证检查员，还爱好篆刻诗词，多次发表作品。他正着手整理资料，准备写一部家族史。他说：我妈妈经常念叨，我们汪家大宅门里的故事比《红楼梦》还要丰富呢！

书法抒情

"将近一个世纪的岁月，赵璧女士出现在大众面前，总是一位仪态端庄典雅的古典美人。"《百年温州 38 位女性》一书中，对汪家三少奶奶赵璧如是描述。

赵璧是温籍著名学者赵瑞蕻的姐姐。少女时代，她就受到良好的教育。从温州最早女校大同女学毕业后，又考取私立温州女中求学。最难得的是教她英文的是马公愚先生，教她美术的是马孟容先生，良师的启蒙让她一辈子铭记于心，一辈子用之不竭。

学生时代的赵璧，学业优秀，能歌善舞，不仅是学校的学霸，还是学校的校花。

嫁到汪家后，她深居简出，勤事家务中仍然喜好书法、诗画，坚持研磨练笔。从少女到暮年，不管身逢太平盛世还是遭受艰难困顿，她都临池不辍，即使出远门探访北方南向的子女们，她也笔墨随身，抄写不断。子女结婚，她以书画表庆贺；丈夫古稀诀别，她以书画寄哀思。书法成为赵璧一生之中抒发内心丰富情感的涓涓细流。

1998 年，温州举办首届女书法家展，91 岁的赵璧欣然研墨参与，作品荣获一等奖。当这位九秩老人应邀出现在开幕式上时，她的仪态神韵令到场者惊叹不已。

92 岁那年因为腿摔伤赵璧卧床不起，只得请保姆照顾起居，孝顺的子女们轮流陪伴着她。2000 年清明节前，赵璧离世。汪履嵩回忆母亲最后的人生岁月说：妈妈一直说自己最风光的是晚年，书画作品参加展览，人生经历登报纸、进杂志，还上了电视。

↓
汪雪怀夫妇与子女

名门淑女的坎坷人生

施菲菲

照片中的四人是兄妹，从左至右分别为徐章、徐绣、徐贤谦、徐贤辅。这是20世纪90年代在杭州徐贤辅家里拍摄的，那年徐章已退休赋闲，兄妹难得相聚。劫后余生，说得最多的是徐章的坎坷经历。

徐家小姐

说起四兄妹的祖辈，在温州声名显赫，几乎无人不知。那就是辛亥革命后曾担任温州军政分府都督的徐定超。

出身名门望族的徐章，人生最初的日子顺风顺水。"1923年，我出生在北京，父亲徐象先是徐定超的第三个儿子，他毕业于京师大学堂（北大前身），曾经担任过北京顺天政法学堂教务长，1913年当选为国会众议院议员，参与过中国第一部宪法《六法全书》的撰写工作。1929年，北方军阀混战，京城官场黑暗，我父亲洁身自好，官场失意后，他携全家老少离开北平，回到温州。在信河街窦妇桥徐家老屋住下，以律师为职业，养家糊口。"

九山湖畔"胜昔桥32号"的徐氏大屋远近闻名，这里曾经亭台轩榭、小桥流水，也是当年张爱玲来温寻找胡兰成的落脚处。

徐章跟着父母亲及一家大大小小十几口人回到温州定居后，虽然家境已开始衰败，但大户人家的那种排场依然如故，家里雇有好几个佣人，有专门的厨子，还有电话。徐象先律师职业收入

微薄，无法支撑大家庭支出，只能凭出租、出卖房产度日。作为名门小姐，徐章仍然过着衣食无忧的富裕生活。

世出楠溪的耕读之家，对孩子们的教育自然是严格的，徐章6岁时就由在温中附小当教师的姐姐带去上学。在附小，聪明美丽的徐章如鱼得水，她不仅学习成绩好，还是学校文娱活动积极分子。她与同学排演的舞蹈得过奖，还被邀请到当时温州有名的中央大戏园参加会演。

秘密入党

徐章中学在联中（温州二中前身）就读。当时联中地下党活动非常活跃。1939年，徐章于联中毕业之际，在陈胜筹的介绍下，秘密加入中国共产党。

1939年，联中毕业后，徐章是他们那一班唯一一个考上温州中学的学生。家境衰败，父母已无钱再供养她读书，是联中校长杨雨苏先生资助，徐章才如愿跨进温中的大门。考入温中的第二学期，成绩优异的徐章在同班同学孔珞和杜梦芙的帮助下，申请到"温中公费生"的名额。

70年后，徐章在自传性回忆录《溪山雨痕》（刊登于2008年第18期《永嘉文史资料》）中回忆道：我每学期都参加温中剧团演出，有时扮老太婆，有时扮女青年，常演短剧，宣传抗日救亡，比较大型的一次是音乐教师陈翰先生自编自导的歌剧，结果有青田县剧团参加评论会，评出最佳演员是我，剧里我演一个年轻女佣人。后来又参加一次大型四幕话剧《雾重庆》，记得作者是陈白尘。到丽水（那时是浙江省政府所在地）演出。我任女主角，售票所得款赈济难民。在我读高二第一学期时，还担任过温中剧团团长（该团前一任团长

是滕国枢、白锡华）。在温中剧团，我负责团里的帷幕、道具、化妆品等。读高三上学期，又有陈翰自编自导的《黎明之前》大型多幕话剧，暑假在温州中央大戏院演出，我演主角。售票款募捐，响应政府号召，购买飞机……

《温中百年》校史册上刊登了学生剧团演出《黎明之前》的剧照，一弯明月下，台阶上一对男女并肩眺望远方。徐章说："那女的就是我。"

在联中、温中读书的那段日子，是徐章人生中最灿烂的时期，她把青年学生的爱国热情和知识女性的美丽聪颖发挥得淋漓尽致。她参加抗日战时青年团，课余、暑假时办壁报、印传单；参加读书会、参加抗日宣传演出；下乡做抗日演讲、办农村妇女培训班等。在抗日救亡的爱国运动中，作为年轻的中共党员，徐章将一腔热情付诸崇高的理想。

欢乐是短暂的。徐章温中毕业后，为了躲避敌机轰炸，也为了节省家庭的生活开支，徐象先一家移居到祖籍楠溪枫林，居住在"御史祠"（徐氏后人为纪念徐定超修建的祠堂）。

嫁为人妇

回到老家枫林后，家庭为她布好了一张婚姻网，因为徐家欠郑家债，父母只好承诺将女儿徐章许配给表山大地主郑冠生的孙子郑英彭。

父亲此时生病，家庭生活陷入贫困。再说温州战乱，温中支部单线联络人何生同志被敌人逮捕。立志为民族独立、为妇女解放而奋斗的徐章想不到自己却成了"父母之命，媒妁之言"封建婚姻的牺牲品。她竟然无力摆脱，在父母的逼迫下，无奈地走进了远近闻名的表山地主庄园。

表山的郑家是楠溪富商。郑英彭的祖父郑冠

生曾拜徐定超为师，郑家祠堂中"强善堂"的匾额，还是郑冠生请恩师题写的。

郑家以经营药材致富。拥有潘坑、白岩一带林场，还有几百亩田地和几座庄园。他们不仅在表山建了一座大宅，还在温州城底的东门、道后、信河街、永川码头等处置有多座房产，开设有"郑通记山货行"。

郑冠生有两个儿子：绍聪、绍馨。英彭是大房绍聪的儿子，系郑家长孙。郑英彭从上海肇和中学高中师范部毕业，曾任永嘉县立表山小学校长，还是抗战时创办的永嘉县私立济时中学董事之一。他19岁时，父亲、叔父暴病身亡，他从上海辍学回到永嘉表山，开始经营家业。后来，徐章还得知郑英彭曾经结过一次婚，前妻离婚后还留下一女儿名叫秋来。

徐章和郑英彭始终感情淡薄："表山地方很闭塞，郑家又非常封建，他们家有不允许女人出门的家规，在庄园中，我连'徐章'的名字都没人叫，上辈叫我'英彭阿媛'，同辈叫我'大嫂'，下辈叫我'阿婶'。在表山，我就像在牢笼里过日子一样！"

从京城到温州，再从温州到表山，生活环境的巨大反差，让徐章的情绪跌入低谷，她一直在想着如何冲出这个囚禁着她的封建牢笼。1944年秋，徐章怀孕了，生下儿子，取名小绰。

渴望归队

徐章有三次萌生离开表山的念头，但最终都没有走成。

1945年，温州地下党曾派徐寿考、关榕两位同志到表山找到徐章，当时他们不知道徐章也是地下党员，只了解徐章曾是温中爱国学生运动中积极分子，他们希望徐章动员郑英彭给游击队资助财物。徐章怀着非常感动的心情与他们见面，她庆幸组织没有忘记她，她当时除了接受任务、完成任务外，很想与这两位革命同志一起走，离开这囚禁她的牢笼。但怀抱中儿子的啼哭声打碎了她的梦，她明白自己已不是无牵无挂的少女，抚养儿子的天职束缚了她的双脚，她已经没有了行动的自由。

后来，每当徐章感到周围环境让她窒息时，她总会反问自己：那次为什么没跟徐寿考、关榕投奔浙南游击队。对自己的懦弱，她常常感到内疚、悔恨。

第二次是抗战胜利那年。当喜讯传到表山时，徐章认为自己终于可以"特赦"了。"青春作伴好还乡"，她欢喜地整理衣物，牵着孩子回到娘家。不料娘家却没有容纳她，世态的炎凉让她心冷。最关心她的二哥徐贤议，又被国民党逮捕。此时，徐章发现自己又怀孕了，无奈之下，她不得不跟着来温接她回家的丈夫，回到表山。

温州解放的春雷惊醒了梦中人，徐章第三次萌生出走的念头。她又回到温州城底。她本想去大连找在大学教书的二哥，因为丈夫郑英彭是地主，她领不到通行证明。她又想请老同学、老同志帮助，已经参加革命工作的中学同学告诉她："你必须回到表山，老老实实交出家庭财产，以后再考虑去大连的事。"迫切希望回到革命队伍中去的徐章，不管亲朋好友怎么劝阻，毅然带着孩子，按同学的意思，又回到表山。

回到表山后不久，郑英彭被枪决，地主婆徐章当然也免不了要接受"劳动改造"。她与孩子们被赶出郑氏大屋。绝望的徐章想了结生命，但是看到眼前几个嗷嗷待哺的孩子，徐章明白：不管多大的压力，她都得活下去。

舐犊情深

可想而知，戴着"地主婆"的帽子，拖着四个孩子的徐章是多么艰难。昔日名门小姐的纤纤玉手，现在得去耕田，去割稻，去盖草棚，去砍柴，去拾猪粪。

在饥饿的汪洋大海中，她用柔弱的双臂奋力地摇桨，灾荒、疾病、人为的伤害迎面袭来，让她难以招架，但徐章没有放手，她始终紧紧把着舵，载着她的爱子爱女，奋力向前。"我开始跟人一起上山砍柴，沿着溪涧采茶。起初我只挑得动十来斤重的担子，慢慢地能挑动五六十斤重。我穿上草鞋，爬崎岖的山岭，过水流湍急的碇步，我学会割草和嫩枝去肥田，学会耕田、锄地、铲草，还学会捣米磨麦、晒番薯丝干、腌萝卜……"

碰上灾年，对徐章和她的孩子们来说更是雪上加霜。为了活命，1958 年 3 月，无奈的徐章在好心人撮合下，带着孩子，嫁给岭头乡的单身汉老潘。他们又有了三个女儿：小春、小青、小蕾。

在孩子们的衣食住行、求学婚嫁诸多故事情节中，徐章一笔一笔、一页一页艰难地书写着，她期盼着孩子们能"长大成人"。她把自己所有的心血都浇灌在七个孩子身上。

初心不改

1954 年在全国人大召开之前，政府落实政策，压在徐章头上的"地主婆"的帽子被摘掉了。她庆幸：终于得到人民的谅解，发给我选民证。此后的日子，她一直务农，以从事超负荷的体力劳动谋生，与善良的老潘一起抚育着他们的七个子女。1995 年，老潘患癌症去世。成年的孩子们有的务农、有的经商、有的从政、有的任教，个个家庭幸福。

20 世纪 80 年代，在一个偶然的机会，徐章碰到平阳临时中学的老同学郑梅，经郑梅的帮助，徐章去永嘉上塘中学当英语代课教师。因为工作勤勉，教学效果显著，领导与同事都被这位白发苍苍的外语教师的好学所感动。56 岁那年徐章作为特例，被转正为有编制的民办教师。当年，在亲朋好友的祝贺声中办理了退休手续。因为在乡村，英语教师奇缺，退休后的徐章还发挥余热，到需要她的学校继续英语教学。

徐章的儿子郑小绰回忆：我妈妈很纯真。她曾多次到有关部门申请，要求恢复党籍，都被拒绝。理由有两个：一是说她年纪大了；再是我的父亲郑英彭是被政府枪决的地主。

1995 年 11 月徐章收到邀请函，参加由马骅先生、张古怀女士发起的"温州抗战时期老战友联谊会"。会上，徐章遇到温中老同学、当年在"战青团"并肩战斗的马大选（马老师此时已丧偶）。在老战友的热心牵引下，他们成为老年伴侣。进入古稀之年，徐章的生活回到了她人生理想坐标的原点，她参加文史部门召集的永嘉战青团老同志座谈会，参加温中百年校庆的校友会；她书写《抗战时战青团爱国活动》《祖父徐定超的生平事迹》《徐贤议（徐章的二哥）略传》和《八十回顾》自传性的回忆录等文章，重拾流逝时光中那些有文史价值的片段。她说：尽管我眼花了，手抖了，但我还要尽力而为，把这些有意义的往事，把这些弘扬正气的精神留给我们的后人。

2015 年 3 月，徐章辞世。

→
徐章

梅家父子故乡情

施菲菲

老照片中的三人是梅旭华夫妇与荷兰著名侨领梅仲微先生。20 世纪 60 年代，梅旭华夫妇刚到荷兰与父亲相聚时留下了这张合影。

旅荷华侨梅旭华家族几代人都在海外艰苦创业，梅氏家族爱国爱乡的事迹一直被家乡父老传颂。

1990 年阳春时节，郁金香正热烈地绽放，花香弥漫。在荷兰，当地华侨华人奔走相告，大家传递着一件令人兴奋的喜讯：时任旅荷华侨总会会长和全荷华人社团联合会主席的梅旭华先生，在荷兰北部的弗里斯兰省省会吕伐登市府大厅，接受"荷兰皇家骑士"勋章。当天的授勋仪式非常隆重，弗里斯兰省省长代表荷兰贝娅特丽克丝女王陛下，亲自把勋章挂在梅旭华胸前。

弃文从商

梅旭华 1933 年出生在平阳鳌江，刚满周岁时，父亲梅仲微为生计，只身漂泊，到海外谋生。母亲陈春菊含辛茹苦，将他与姐姐抚养大。贫穷生活的历练、慈母的谆谆教诲养成梅旭华坚强的意志，奋发的上进心。小小少年郎，从背着书包上学堂开始，就一直是众学子中的佼佼者。

解放前夕，在平阳中学就读的梅旭华参加了学生进步组织"读书小组"。在中共地下党的领导下，进步学生积极开展迎接新中国诞生的革命宣传活动，梅旭华与同学项一雷撰写革命传单《告全县同胞书》，曾在平阳市民中反响强烈。

1955 年，梅旭华以优异的成绩考上了吉林大学历史系（当时称东北人民大学）。在大学，品学兼优的梅旭华被同学推为学生会干部、班长。

1958 年，学业有成的梅旭华被学校选为提前毕业学生，并留校当教师。与此同时，他的爱情也修成正果，他与名门才女、美丽聪慧的同学孙雨澄结为伉俪。那年，孙雨澄被分配到吉林省科学院历史研究所工作。

梅夫人孙雨澄祖籍山东，其父是北京铁道学

院教务长。深厚的家学渊源，使孙雨澄在古诗词与书法方面打下扎实的少年功底。在荷兰经商时，她不辍笔耕，以致后来多次荣获荷兰绘画比赛业余组金奖。

留校任教的梅旭华，受吉林大学历史系委托，与几个青年才俊一起筹建"中国现代史教研室"。这年，他撰写的《延边朝鲜史》一书也付梓出版，而此时的孙雨澄也承担了"日本统治东北十四年"的研究课题。夫妻双双在史学研究上辛勤耕耘、比翼双飞之际，父亲梅仲微的出现，改变了头上本应加冕"大学教授""历史学家"桂冠的梅旭华夫妇的人生。

在年迈父亲的授意下，梅旭华与孙雨澄只得奔赴荷兰，弃笔从商。梅先生曾戏称自己与夫人为"知识分子下海的先行者"。

经营有方

1964年，梅旭华、孙雨澄来到荷兰，他们依靠自己的双手创业，在几乎没有中餐馆的吕伐登市买下一栋房子。梅氏的中餐馆于1966年2月开始营业，餐馆取名为"皇城酒楼"。

创业的历程是艰辛的，再说刚到荷兰，首先得过语言关，客人过来点菜，总不能听不懂话。那时梅旭华是带着《荷兰词典》经营，一边做生意，一边记单词。人手不够，灶台、前堂、洗碗，还有进货、收账全做，一人要顶下三人的活儿。原本坐办公室、研究室的生活换成了烟熏火燎的厨房间，悬殊的身份转换，虽然难以适应，但他们咬牙闯过了。

由于经营有方，"皇城酒楼"的生意红火，发展顺利。到了20世纪70年代，梅旭华的"皇城酒楼"的营业额与固定资产扩大了10倍，1983

年还荣获国际企业家协会颁发的"金牛奖"，成为当地最有影响的中餐馆，也是荷兰中餐馆中首屈一指的企业。

学者的经商之路终于开始顺畅，1974年，"梅氏有限公司"在奥地利首都维也纳挂牌。从荷兰发展到奥地利，从餐饮发展到贸易，梅旭华的事业乘风破浪，一帆风顺。

1987年，梅旭华开始了合资经营的尝试，他与上海合作，在鹿特丹开办"上海城大酒楼"，不到两年，"上海城大酒楼"就发展成为有两百多个座位的荷兰著名大型中餐馆。国内改革开放好时机，梅旭华又介入房地产开发领域，在家乡投资做房地产开发。

杰出侨领

20世纪七八十年代，在海外创业的华侨华人中经营得道的商人不少，学术研究有成的却少见。荷兰温籍华侨梅旭华先生则是一位餐饮经营有方、学术研究有成的一代儒商。

作为旅荷华侨侨领，他为传播中华传统文化

→
1964年梅旭华夫妇与父亲合影

做了不少工作，他曾主笔创办了《国庆纪念特刊》，向广大侨胞报道祖国发展、家乡建设的各方成就。他还积极从事创办旅荷华侨华人的正式刊物《华侨通讯》。这本华侨喜爱的刊物一直坚持了二十来年，为丰富侨民文化生活立下汗马功劳。

最难能可贵的是他经过多年调查、考证，写出了近万字的史学论文《试述荷兰早期华人移民》，以翔实的事例和数据，论证了在"400年前就有华人抵达荷兰"的史实。此论文还在华人华侨历史研究刊物上发表。1997年，正逢旅荷华侨总会成立50周年，他又动笔撰写了《历史的回顾：旅荷华侨总会50周年》，以史实来展现旅荷中华儿女自强奋斗的精神。

富有家国情怀的梅旭华，更热心于侨务。从1974年到1994年，梅旭华先后担任过旅荷华侨总会会长、副会长、常务委员，全荷华人社团联合会首届、第三届主席，欧洲华人华侨联合会副主席、永远名誉常务理事。

梅先生回忆起1987年筹办"全荷华人社团联合会"的经历时还记忆犹新，他说："当时的荷兰华侨社团很多，各侨团为维护本团的利益，各说各的话，各有各的章程，与荷兰政府方面联系也各找各的渠道。为了维护广大旅荷华侨的根本利益，大家都希望各社团能联合起来，确定一个章程、一个宗旨、一个声音与荷兰政府对话，争取最广大化地维护旅荷华侨的根本利益。当时筹备工作是由五个在荷兰比较有影响的主要社团发起的。"

第一届"全荷华人社团联合会"成立时，旅荷华侨一致选举德高望重的梅旭华为首届会长，至今，这个在荷兰声名显赫的社团，已历时十多届。

平阳出生的梅旭华，多次为家乡和母校捐款。修桥铺路，修建教学大楼，他都慷慨解囊。由他出资的平阳中学"梅氏奖学金"扶助过不少学

→
梅旭华接受"荷兰皇家骑士"勋章

子，他们考上北大、清华后给梅先生寄来感谢信。1990年5月，梅旭华被国务院侨办评为"海外华裔十杰"。

因为在传播中华文化上的功绩，2010年5月8日，梅旭华先生受邀前往荷兰参加丹华文化教育中心成立10周年庆典，该中心的主任黄音特邀梅先生为校长和优秀教师颁发奖杯。

叶落归根

梅旭华先生的四个儿子晓潭、晓东、晓来、晓洲个个相貌出众，才华横溢，鳌江坊间邻里称赞他们是"情牵故里的华侨后人"。梅先生二儿子梅晓东说："小时在中国成长，后来出国读大学，我在国外生活了很长时间，在欧洲、美洲、东南亚都待过，跑了一圈，我觉得最舒服的、最能融入其中的还是中国，只有这里，才是我真正的家。"

追本溯根，梅氏子孙的爱国恋乡情结源于他们的长辈梅仲微先生。

梅仲微先生于1907年11月23日出生在温州文成玉壶上村，幼年父母双亡，是姐姐将他抚养成人。因生活艰难，1927年背井离乡，移居到平阳鳌江东河，娶鳌江女子陈春菊为妻。为了谋求生计，1934年冬，离别妻儿，与同乡一起漂泊海外，曾在马来西亚的铁矿场当苦力，在泰国的"川英轮"上当过杂工。1940年春，到达荷兰阿姆斯特丹，在同乡人的帮助下，卖花生糖度日。后来又迁居到雷廷，在那里贩卖纺织品。

每天走街串巷，背着棉布叫卖，风里来雨里去，虽然是小本生意，也能养家糊口。1952年，一个广东人开的"南京酒楼"要出让，梅仲微与几个同乡合股，买下了酒楼，并改名为"玉壶酒楼"。从此，梅老先生迈出了在荷兰经营餐饮业的第一步。

随着餐饮业收入的增多，梅仲微有了一笔积蓄，以后他退出"玉壶酒楼"，独资开办了"天安酒楼"。由于诚信经营，薄利多销，梅家的酒楼生意兴隆。

←

梅仲微八十大寿

→

梅旭华在世博会

梅老先生旅居海外五十来年，以勤劳致富。他热心侨团工作，为团结华侨，维护侨胞的正当权益，不辞辛劳，热心奔走。

"旅荷华侨总会"是欧洲历史最久、规模最大的华人团体，是荷兰华人社会的核心。梅仲微先生就是旅荷华侨总会的创始人之一。在旅荷华侨总会近半个世纪的发展史上，清晰地记录着梅氏父子两代人的倾情奉献。

兴办华侨的公益事业，倡办中文学校，宣传中华文化，促进中荷两国文化交流，支援家乡建设等等。梅仲微先生事事躬亲，任劳任怨，赢得广大华侨好评，得到国务院侨办的信任。30多年中，他先后担任八届荷兰华侨总会、瓯海华侨会的会长、副会长等职。

1957年，梅仲微应邀率领旅荷华侨回国参加五一国际劳动节观礼活动，登上天安门观礼台，还受到周恩来总理的亲切接见。1977年10月，梅仲微先生又受国务院侨办的邀请，再次率团回国参加国庆观礼活动，并参加了有邓小平等国家主要领导人出席的国宴。

梅老先生开的餐馆并不大，盈利也不多，算不上多富裕。但为家乡捐资，他却慷慨大方。回鳌江探亲时，看到镇上没有电影院，他便与儿子梅旭华一起汇款捐建。为了发展家乡的教育事业，他捐款助建鳌江镇中心小学、平阳第一中学、温州华侨中学、温州大学等。乡里村里的铺桥修路、修复名胜古迹，也总有他的一份贡献。

1987年，梅仲微先生在回国探亲时突发心脏病去世。国务院侨办、外交部领事司、中国驻荷兰大使馆、浙江省侨联、温州市人民政府、平阳县委等单位发来唁电或送来花圈，沉痛凭吊这位颇富威望的老一代侨领。

离乡半世纪，叶落终归根。

师恩难忘追思长

金丹霞

提及方介堪，林剑丹记忆的藤蔓缠绕了半个世纪——前一个25年，是拜师求学的点点往事；后一个25年，是难忘师恩的绵长追思。

2011年11月4日，西泠印社在杭州举办方介堪诞辰110周年纪念座谈会，林剑丹应邀主持会议。他说，我是追随方介堪先生时间最长、受益最多的学生。

林剑丹，这个如今在书画艺术界响当当的名字，正是当年方介堪先生所取。

《古玉印汇》三借三还

1962年，20岁的林剑丹迷上了篆刻。

这位出生于苍南山村、因家贫初中毕业即辍学的青年，在市文化局下属的温州美术幻灯公司（后更名为美术设计公司）当一名学徒。工作之余，他把时间和精力都花在了刻印上。他一边自己琢磨，一边四处访师求教。

通过同学的关系，林剑丹找到了篆刻名家吕灵士先生。吕先生是温州名绅吕文起的长孙，亦颇有名士脾气，看不上的印稿当面就丢开，但他对眼前这个清秀腼腆的年轻人鼓励有加，并指点说："学印要跟介堪学。"

就因了吕先生的这句话，林剑丹鼓足勇气怀揣印稿，乘船渡江来到位于江心屿的温州博物馆。当时已年过花甲的方介堪先生是温州文管会的负责人，兼任博物馆馆长。

名满天下的金石大家对慕名而来的小青年，没有摆任何架子，他亲切平和的语气让林剑丹顿感轻松。方先生仔细看过林剑丹带来的印稿，没有说什么，只是转身拿出一本泛黄的《古玉印汇》让他带回去看。

←
1937 年方介堪与友人摄于雁荡山。
从右至左分别为谢稚柳、黄君璧、于
非闇、方介堪、张大千等。

→
上世纪 30 年代方介堪（中）马孟容
（右）、戴家祥（左）等合影。

林剑丹明白，方先生是觉得他的印还未入门，于是捧着书如获至宝而归。

《古玉印汇》是方介堪先生早年的精心之作。1931年出版。书中用勾填法，摹录了明清21家印谱中战国及秦汉玉印的精华，近400枚，分15类，每印每字不差毫发，并著录出处。这本书是我国第一部战国秦汉玉印专集，在行家中影响很大，但因印数不多，流传不广。

林剑丹回家后一再细细翻阅，他很想从中窥得篆刻门径。可看来看去，那一方方印章，没让他看出"精妙何在"。

几天后，林剑丹把书还给了方先生。

当林剑丹第二次拿着自己的印稿向方先生请教时，方先生还是那句话：《古玉印汇》拿去看看。

这回，林剑丹将看得懂的玉印一一勾摹，并仿刻了一些，渐渐有所领悟。两三个月后，他才将书归还。

随着篆刻技艺的精进，林剑丹越发感到了玉印文字的清雅雍容、落落大方，实为古代印章的精华。于是一年后，他主动向方先生提出借《古玉印汇》。在一次次勾摹、篆刻、仿制中，林剑丹体会到了"钻之弥深，仰之弥高"，愈觉意味无穷，并于其中深深理解了方介堪先生篆刻艺术精心之所在。

这次，林剑丹一借就是一年多。

直到1965年，林剑丹的篆刻启蒙老师吕灵士先生临终之际，把自己所藏《古玉印汇》相赠，林剑丹终于拥有了对他的篆刻生涯来说具有启蒙意义的宝书。

蝉街有座"玉篆楼"

正式拜在方先生门下，是林剑丹梦寐以求的愿望。

虽说在短短的时间里已有过多次请益，但年轻人就是一直不敢开口。

有一次，林剑丹为瑞安张宋顾先生刻了一方印章，张先生非常高兴，直夸后生刻得好。张先生也是有学问的人，是方先生请来博物馆临时帮忙的。

"也许是张先生向方先生举荐？"林剑丹并没有向张先生求

↑
方介堪印

证，他只是猜测。不管怎样，这以后，他和方先生之间的关系越发亲密了。

于是，在方先生家里，林剑丹提出了拜师的请求。方先生果然也痛快地答应了，而且还为这个原名"林克桂"的学生取名"林剑丹"。

20世纪60年代初，一切旧式礼仪统统被扫进了"历史的垃圾堆"，在那样的时代背景下，林剑丹没有行过拜师礼。

这，成了他心里的一个结。直到1987年，方先生病逝。在哀乐低回的告别厅里，已是温州书法界领军人物的林剑丹突然屈膝下跪，在先生遗体前叩首拜别。他身后的学生也跟着唰地跪倒一片。

林剑丹说：我终于了了多年的心愿。

当年的老师传的是"道"，大道理，大方向，而不是具体的技巧，这一笔要怎么写，那一刀要如何刻，这些老师从来不教，我们弄不明白有时会问问——忆起跟在方先生身边的日子，林剑丹仿佛又置身于蝉街王宅大屋西首那间温暖的"玉篆楼"里……

那里迎来送往了一个个年龄相仿、意气相投的年轻人，林剑丹、张如元、马亦钊、林淳生，还有当时在温州服兵役的上海青年韩天衡（其名亦为方先生所取）……

那时的学习更像是聊天。他们和敦厚儒雅的方先生热烈交谈，他们像听故事一样听先生讲述学艺经历、书画界掌故——

他们了解了，张大千、黄宾虹、吴昌硕、唐云等著名书画家的品格及画风；

他们记住了，搞艺术应取法乎上，治印须从汉印入手；

他们明白了，创新要在继承传统的基础上，一味求奇行不通。

林剑丹由衷地敬佩，方先生真是个刻印天才啊！壮年时先生一天最多刻朱文印150字的"辉煌业绩"他不曾亲见，但他看到了先生运刀如飞刻《毛主席词六首》的情景，那么多书体，不同的风格，一刀刻下去如行云流水，又稳又准，很快就完成了一套。

方先生的眼力好，一直到80多岁，仍能操刀刻印。他刻的最后一方印是为纪念孙中山诞辰120周年而作。林剑丹记得很清楚，那是一方拟古玉印"日新"，那年先生已86岁高龄。

从7岁开始学印，方介堪整整刻了80年，留下4万余方印章，成就了中国篆刻史上的一个奇迹。

最后20年

艺术青年林剑丹怎么都不曾料到，跟在方先生身边学习篆刻的快乐时光仅仅四年，"文化大革命"就以迅雷不及掩耳之势，颠覆了周围所有人的生活。

方先生首当其冲，作为"反动学术权威"自然要被"打倒在地"，还须"踩上一脚"。造反派们拿着方先生收购来的一方文物印石在桌上猛敲：就这么块破石头值400块钱，给农民知道了要打死！

这块"破石头"，是方先生亲赴上海千方百计才收集到的邓石如的印章"本来面目"，珍贵的国宝级文物，现在估价，可能已近天文数字了。

那曾经给过青年们艺术启蒙和精神享受的"玉篆楼"，也在一片狼藉中透着凄凉。这里已被抄了七次，很多珍贵的名家书画、往来信札、书稿资料一夜间灰飞烟灭。

林剑丹也被指名强令要求去参加方先生的"专

题"批斗会。他牢牢记着母亲的话，人不能忘恩负义，他想一定不能去！要是去了，就必须当场表态，甚至被迫参与批判，这实在是他所不能接受的。无奈之下，他想到了一位医生朋友，连夜找到他开了病假条，称病避开了那场残酷的批判。过了一夜，他参着胆子偷偷跑去看望方先生。在那个文化遭无情践踏、生命毫无尊严的年代里，师生相对，唯有叹息……

1967 年，被列为温州文化系统重点批斗对象的方先生，脊椎骨被造反派打裂移位，又得不到治疗，从此他的腰背再也无法挺直。方先生就这样拖着残疾的病体，度过了人生的最后 20 年。

终于，"文革"结束，阴霾消尽，大家的生活逐渐回归常态。林剑丹他们又开始频繁地来往于方家，"玉篆楼"里恢复了往日的热闹。

方先生也如枯木逢春般绽放了生机。70 多岁的人了，还在上海买了一批《说文易检》类的工具书。在林剑丹的印象中，方先生在学术上非常认真严谨，篆书刻得如此熟练，还经常查阅工具书，生怕出错。著名画家唐云开玩笑说：你还把这些书买来干什么？有钱不如买酒喝。

朋友、学生都知道方先生好烟好酒，花起钱来很大方，常常稿费还没到手就已经预支出去了。温州名士刘印怀曾赋诗调侃：从未百金留二日，不知隔宿有余粮。

不过方先生的这种"大方"不仅是对自己，对朋友亦然。林剑丹在方家常常听到，方先生叮嘱子女，某某人住院了，赶紧送点钱去。有时手头没钱，还要借钱送给朋友。"这样的做派现在可能很少有人理解了。"林剑丹感叹道。

1979 年，林剑丹调温州博物馆工作后，方先生便常和他念叨起馆里的那些宝贝。

方先生记性很好，他问林剑丹：馆里有一块石头原先是池上楼的，这块石头是木化石，当年赵之谦在温州时曾画过，这石头还在吗？林剑丹说没看到，方先生就催着他去寻访石头的下落。

也难怪，那一件件让方先生牵挂的宝贝多是他东奔西走想方设法亲手征集而来，温州博物馆第一批藏品——300余件文物字画，更是来自他多年珍藏的无偿捐助，"文革"期间，他甚至冒着生命危险，极力劝说阻止造反派毁坏打砸文物。

方介堪先生的后半生是和温州文博事业紧密联系在一起的。

一句话影响深远

方先生晚年最大的心愿是把《玺印文综》整理出版。

20世纪30年代他曾勾摹古玺印文，编成14卷，可惜在抗战逃难时丢失了最后一卷。1985年，他自知体力精力有限，将全部旧稿交由学生张如元整理。

1987年暑假，当张如元带着一批温师院的学生加班加点赶出全部整理稿，送至方先生病床前时，老人已进入昏迷状态。不日病逝。弥留之际，他心心念念的仍是这部凝聚了毕生心力的《玺印文综》。

林剑丹正是在方先生处第一次看到古玺文这种古雅清丽的文字，他好奇地问：这是什么字体？这种字怎么写？

方先生解释说：这种古玺文是战国三晋的文字，我在上海时写过，很多大名家都称赞这条路走对了。以后你不妨尝试着写写。

正是这句话指引了林剑丹后半生的艺术之路。

林剑丹以前只刻小篆、汉印，从未敢触及古文字。1995年，在张如元的支持下，林剑丹开始

一门心思研究古玺文。方先生当年编《玺印文综》时，由于出土文物所限，不少字还没有看到。随着战国时期考古发现的增多，给古玺文的研究提供了很多新的线索。林剑丹多方搜集求教，不懈探索，2001年终于出版了《林剑丹古玺文字印联选》。

书中收录了楹联50副，其中自撰自集联占三分之二，印章49枚，印联文字775个，其中不重复单字538个——以古玺文创作楹联、印章，林剑丹堪称当代书家第一人。

海内外书家为之惊叹，一时好评如潮。启功先生读后曾在书中写下评语："宝墨。"

这些年林剑丹依然执着于古玺文的探索和研究，影响日广。2011年底在浙江美术馆举办的"书风·书峰"展中，林剑丹作为浙江书坛65岁以上的12位名家之一应邀参展。其中最引行家们关注的一幅作品便是他用古玺文书写的《兰亭序》。为了这300多个字书写得更准确，他不仅多次求教老友张如元，还特意赶到杭州，登门拜访文字学家曹锦炎。

林剑丹说：我初中毕业就辍学，起点低，很多东西都要向别人学。他一直记得年轻得意时，方先生的那句批评："学无止境，依我见之，许多自我感觉良好的人，其实并非真正懂得笔法。鲤鱼能否成龙，关键就在龙门前面那一跳。"

"我很庆幸，这辈子遇到了两个最好的老师：一个是教我诗词的王敬身先生，一个就是教我书法篆刻的方介堪先生。"

缪天荣和他的研究生们

金丹霞

关于培养研究生，缪天荣有个著名的"蒸包子"理论，他说：培养研究生就像蒸包子一样，一个包子需要一个蒸笼，五个包子也只需要一个蒸笼，投入一样，产出增加，学生之间还可以互相切磋，产生竞争效应。因此，他主张研究生一届招的数量不应太少。

1978 年，温州医学院教授缪天荣成立国内首个眼科光学研究室，第一件事就是招收了五名研究生，也是温州医学院有史以来的第一批研究生。

动员学生"西天取经"

王光霁是第一批研究生中的一名。不过早在 1963 年，他还是温州中学的一名学生时，就有缘一睹名教授的风采。

原来，他听说同班同学缪晓胜的父亲是鼎鼎大名的眼科专家、教授缪天荣。有一次在谢池巷缪家玩耍时，他向缪晓胜提出能不能看看传说中非常厉害的教授究竟是什么样。缪晓胜一口答应，他带着王光霁来到父亲书房前，悄悄推开虚掩着的门扉，让王光霁从门缝里偷偷瞄了一眼。

只见正襟危坐于书桌前的中年人，埋头于厚厚的一大本洋书中，浑然不觉门外有人。当时年少的王光霁怎么也不会想到，他后来的人生道路竟和缪教授紧密相连。

等到再次相见，已是 10 年后。王光霁从浙江医科大学毕业分配到平阳山门卫生所工作，一心想成为外科医生。一场大病使他梦想破灭，内心彷徨之际，他通过缪晓胜的引荐，得到缪天荣教授的帮助，获得了去附一医眼科为期半年的进修机会，开启了眼科学术之路。

此后，王光霁常去缪天荣家借书看，不懂的

←
缪天荣教授与他的第一届研究生

↑
缪天荣教授在上课

1960 年代的温州医学院图书馆

地方就请教。缪教授知识渊博，广征博引，总能解答他的困惑，特别是缪教授英语水平高到可以把书倒过来，依然阅读无碍，令王光霁极为叹服。缪教授告诉他，眼科学尤其是光学理论部分深奥费解、枯燥乏味，但只要下苦功弄懂它就会趣味无穷。王光霁在中学读书时数理化是强项，因此很快就钻了进去。随着学习的深入，他对眼科学产生了浓厚的兴趣。缪天荣开玩笑说，王光霁成了自己的"黑市研究生"。

1978年国家恢复高考，缪天荣在国内率先招收眼科硕士研究生，使温州医学院跻身全国第一批硕士学位授予权单位。王光霁成了缪天荣第一届名正言顺的研究生。

三年后，研究生即将毕业之际，浙江省将举行公派留学生考试的消息传来，缪天荣第一时间推荐王光霁参加考试，鼓励他去"西天取经"。王光霁考上了公派留学，离开温州时，缪天荣、吴性慧夫妇隆重地去汽车站送别。1983年留学归来，又是缪天荣从上海把他接回温州。在王光霁留学期间，为了使他能安心学习，缪天荣还时常去探望王光霁病重的母亲。王光霁说自己在国外做梦梦到最多的两个人，一个是母亲，一个就是恩师缪教授。

奠定眼视光学基础

缪天荣对优秀学生格外爱护。他认为优秀的学生通过严格培养后可在各地生根、发芽、开花、结果，从而使温州医学院的优势、特色和知名度发扬光大。

为了培养出高质量的研究生，缪天荣倾注了全部心血。他不囿于一己之专，而是博采众家之长，甚至从校外请来各路专家，教学生英、日、德文、高等数学、光学；还时常带着学生游学大江南北，特别是多次赴上海，凭着他的关系参观了上海各著名的眼科部门，拜会了多位业界专家，学生感叹眼界大开，"真

→
缪天荣修剪花木

有朝圣的感觉"。

曾和缪天荣同在研究所共事的金成鹏回忆道，有一次他们去上海参观取经，大约是 10 月，上海的露天游泳池已经不开了，更衣室被用来对外接待住宿。因为经费不足，住不起宾馆，年近古稀的缪天荣就带着学生睡在游泳池的更衣室里，依然充满热情，谈笑风生。

至 1987 年，缪天荣招收了 10 名眼科光学方向的研究生，大多成长为国内外眼视光学权威专家，如美国新英格兰视光学院教授王光霁、原温州医科大学校长瞿佳、温州医科大学附属第二医院眼科学术带头人施明光等；受其影响从其学习的私淑弟子更是无数，如温州医科大学附属眼视光医院执行院长王勤美等人。

把眼科学和光学结合起来，是缪天荣研究的突破点，也为温州医科大学眼视光事业的发展奠定了扎实的基础。

因为对眼科光学原理理解得透彻，缪天荣设计出我国第一台裂隙灯和检眼镜。眼科诊疗首先要靠检查，仪器设备非常重要。而眼科最常用的设备就是裂隙灯显微镜和检眼镜。当时的裂隙灯显微镜都是国外生产的。缪天荣下功夫剖析了国外的产品，1973 年，在他的直接指导下，苏州医疗器械厂造出了我国第一台裂隙灯显微镜，填补了国内空白。1977 年，在他的倡导下，又和同事们一起自行设计了供基层使用的简便型裂隙灯显微镜。同时他还根据自己的眼科临床经验，结合眼科光学专业知识，设计了具有许多独到之处的现代化检眼镜。后在永强找到一家很小的乡镇工厂投入制造，生产的"猫头鹰"牌检眼镜很受欢迎，产量一度占全国同类器械总数的 70%。

从美国学成归来的王光霁带回了国外新的思想，师弟瞿佳和他一起谋划着专业创新的路径，

↑
缪天荣与夫人吴性慧都是温州医学界的名家

美国的视光学给他们以很大启发，用瞿佳的话说就是"能不能在眼科里头，长出一个视光学来？"

1988 年温医在国内率先建立中国的视光学，1992 年中国唯一的卫生部视光学研究中心在温医落成。后来眼科和视光学合在一起，成为眼视光学，国际上将此称为"中国温州模式"。1999 年，《眼视光学杂志》出版发行；2000 年，中美联合培养眼视光学博士项目启动；2002 年，招生七年制眼视光学本硕连读学生……从温医眼视光专业毕业的 3000 多名学生，约占中国眼科医生的十分之一。

如今，温医大附属眼视光医院是世界上面积最大的眼科机构，先后在杭州、台州、上海、海南博鳌等地开办了八个院区和门诊部，2018 年 1 月还成立了温医大眼视光医院集团。医、教、研，加上转化产业、慈善、推广六位一体，科技影响力和学术影响力在全国名列前茅。

历数眼视光事业的发展轨迹，曾任温州医科大学校长、温州医科大学附属眼视光医院院长的瞿佳深情地说：这些成绩的取得，都源于从缪老师手中接过的接力棒。

从测绘员到医学生

缪天荣作为医学教授，在温州大名鼎鼎，可少有人知道，其实最初他并不是医学生，而是和医学八竿子打不着的一名土地测绘员。

1914 年缪天荣降生在瑞安莘塍镇南镇村赫赫有名的"大夫第"，可那时家境已日渐衰落。缪天荣的祖父热心于地方上的慈善事业，修桥铺路办学校，花光了全部积蓄，以至于缪天荣读初中时，竟然没钱交学费。

缪天荣的长子缪晓胜至今还记得父亲讲述的一件儿时心酸事：因为没交学费，老师不让他进教室听课，小天荣站在教室外伤心落泪……回家后，酷爱读书的天荣恳求母亲去帮他借学费，才算读完了初中。

初中毕业后，家里自然没钱让他继续读高中。幸好亲戚林同庄在杭州任职，介绍他去杭州读浙江大陆高级测量学校。一年后即毕业开始工作，薪水拿到手就赶紧全部寄回家，以此维持母亲和五个弟妹的生活。他知道，每月估计钱快寄到的日子，母亲会早早站在村口眼巴巴地等着邮差。他自己再打点零工赚点小钱维持生活。

缪天荣在土地局做测量员，用的仪器都是德国的，说明书自然也是德文。他读书时学的是英文，虽然并不太喜欢，但基础不错。德文却是从来没碰过，于是业余时间开始自学德文。他在测量中还要用到三角函数的知识，于是又自学高中数学。

工作后经济自立了，想要读大学的念头时时在脑子里回旋。多年后，提及当年放弃测量工作的缘由，缪天荣调侃地说："可测量的土地都测量完了，我们所学的就派不上什么用场了，于是我决定换个工作。"

可是缪天荣没有高中文凭，没有资格考其他大学，只能报考对考生没有学历要求的浙江省立医药专科学校。1932 年，酷爱数学、外语的缪天荣别无选择，成了医专的学生。

医专读书的生活很艰苦。学校没有宿舍，大部分同学都住在附近的尼姑庵里，一间房一个月三块钱。缪天荣和另外一个同学合住，房间局促，光线阴暗。忆及那四年的求学生涯，缪天荣总结道："条件很艰苦"，但"学得有意思"，他特别珍惜这来之不易的学习机会："在校只拼命读书，甚至戒看报纸、戒看小说、戒走围棋，以免浪费时间。"时间在他眼里太宝贵了，分秒必争，每天花十来个小时看专业书，每个星期天也基本都不出去，捧着厚厚的书本，一心学习。

除了医学专业之外，缪天荣觉得两样东西一定要学好：一是外语，对学西医的学生来说，外语非常重要；另一个是数学。因此有空他就找数学方面的书看，而且拼命学德文、日文，同时改变了小时候不喜欢英文的想法——事实证明，这些奠定了他日后成就的基础。

医专毕业后，正逢抗战爆发。缪天荣先后辗转于国民革命军第22军第50师、成都航空委员会空军军医训练班、成都三大学联合医学院等处。随部队过着居无定所的生活时，他不管走到哪里总是随身带着书，一有空闲就拿出来看。1945年，在成都三大学联合医学院边工作边进修的缪天荣获得医学学位，此时他已专注于临床眼科的知识技能和学术研究。

抗战胜利后和温州和平解放后，应瓯海医院（温州医科大学附属第一医院前身）聘请，缪天荣先后两次在家乡工作，出任瓯海医院眼科主任。

1953年浙江医学院开设眼科系，缪天荣被调至浙医任教。1958年浙江医学院一分为二，部分教工、仪器设备迁到温州成立浙江第二医学院（不久即改名为温州医学院），正当壮年的缪天荣和夫人吴性慧作为首批赴温的教职员工，举家南迁回到温州，参与了温州医学院艰难创业的历程，在家乡度过了学术生涯中最辉煌的岁月。

创制《标准对数视力表》

温州医科大学校园里，草坪上，竖立着三尊塑像，可想而知，有资格被塑像的必是在温医60年发展史上做出过卓越贡献的人物。

其中一尊塑像是一位戴着眼镜的清癯长者，他背微弓，伸出三根手指头，神情专注，口唇微启，仿佛正面对着学生讲课。他的身旁立着一幅铜铸的"标准对数视力表"，上面还有一行小字：温州医学院缪天荣教授创制。

发明标准对数视力表，是缪天荣一生最广为人知的学术成就。

1952年，中华医学会第九届大会通过使用《国际标准视力表》，我国开始全面采用小数制视力表。但在实践中，专业人士发现这种小数制视力表存在不少缺陷。比如，从0.1升一档是0.2，从0.9升一档是1.0，可是前者视力相差一倍，而后者视力只上升了10%。实际上在0.1和0.2之间可能存在多种不同水平的视力都给一笔抹杀了。

缪天荣对当时通用的视力表产生了深刻的疑问，于是查阅了世界各国研制的几乎所有的视力表，整理归类后发现了症结所在。他意识到，作为人类感觉器官之一的视力，也符合心理物理学定律Weber-Fechner氏法则。就是说，人类的视力是和视标大小的对数值对应的。于是他设想发明一种基于此法则的科学的视力表。同时他还提出新型的"五分记录法"，能全面、科学、合理地反映所有的视力，视力记录再无须标注"数指"等文字。更重要的是，视力的五分值同时解决了视力的统计问题，直接进行求平均值等各种计算即可，解决了以前视力统计要经过换算的麻烦。

1958年，对数视力表研制成功并在附一医眼科试用。

1959年，论文《对数视力表》发表在温州医学院校刊上。

1964年，在武汉召开的第一届全国眼科学术会议上宣读论文《对数视力表与五分记录法》。经大会一致同意，论文刊载于1965年的《中华眼科》杂志。

1978年，对数视力表荣获全国科学大会奖。

此后，对数视力表陆续在全国推广应用，并对 25 万名中小学生进行了大规模的视力测试和统计。

1986 年，《对数视力表》的研究成果在第 25 届国际眼科大会（罗马）亮相，引起国际眼科界的轰动。

1989 年，76 岁的缪天荣教授接受了制定对数视力表全国标准的任务。1990 年 5 月 1 日起，《标准对数视力表》被制定为国家标准（GB11533—89），并在全国实施。

《标准对数视力表》从研究到实施，经历了几十年。为了核对每一个数字，缪天荣翻阅无数材料。受学院指派，王勤美协助缪天荣编写国家标准，从第五、六稿到后来发布实施以至推广使用。1989 年下半年至 1990 年上半年，他几乎天天到缪教授家"上班"。在谢池巷老房子里，两人面对面坐在大桌子前。王勤美称这段身传面授的宝贵经历，使他有幸成为缪天荣的"门外弟子"，"对我以后的治学之路产生了极大的影响"。

在整个编制国家标准的过程中，王勤美感受最深的是缪天荣对科学的严谨态度。"每一句话都反复推敲，每一个数据都反复查证。常常是他讲了一层意思，我写好句子，他一看表达不贴切，再讲再议再改，反复好几次，有时一句话要写一个上午。"缪天荣曾经拿出全世界最具权威性的一套眼科全书《Duke-Elder 眼科全书》第七卷，翻开来告诉王勤美，他在其中找出了 50 余处错误。

和缪天荣共事过的人无不叹服他的认真严谨。他留下来的手稿、讲义、笔记本等，翻开纸页，米粒大小的字清晰工整，仿如印刷体，简直让人不能相信竟是手写的笔迹。页面间往往还配有插图，每根线条都整整齐齐，每个数字都端端正正，有的文字下还划着醒目的红线。见过其中光学笔记的王勤美感叹地说："这是我见过的最精致、最细致的笔记。"

缪天荣生命的最后两年，因肺纤维化日益严重，呼吸困难，常常要戴着氧气罩。2004 年，《标准视力对数表》进行修订时，年逾九十的缪天荣插着氧气鼻管，还坚持参加各种讨论会。2 月住院前他刚刚完成了 3.8 万字的论文《论对数视力表及五分记录法》，打印稿他反复校对了好几遍，一个个标点、错字都被他细心地划出来。"要把论文发表出去，让更多的人了解《标准对数视力表》的作用，这是我毕生未完的心愿。"4 月 11 日，缪天荣病逝。弥留之际，他仍对子女反复叮咛。

缪天荣常常对自己的研究生瞿佳说，之所以能活到 90 多岁，就是对数视力表的事情还未完全落实而不愿驾鹤西去。

缪晓胜说："感觉父亲从没退休过，一直在工作着。"

那些研究温州方言的
温州人

李 艺

2020 年 6 月 16 日，华东师范大学中文系官网发布消息：著名方言学者、上海市语文学会原副会长颜逸明因病逝世，享年 88 岁。

得知颜逸明因病逝世的消息，他的好友、身在温州的语言学家沈克成悲痛万分。当晚，他写下《从颜门破庙里走出来的学长——悼语言学家颜逸明教授》一文，悼念颜逸明教授。"在温州语言学界，有五位大咖，他们分别是游汝杰、温端政、郑张尚芳、颜逸明、潘悟云，如今竟连续走掉了三位，令人痛惜。"悲伤之际，沈克成拿出自己珍藏的一张合照，思绪万千。那是 1987 年 9 月，五位大咖齐聚浙江普陀召开的汉语方言学会年会上，成为那届年会的一段佳话。

近现代温州知识群体是颇为引人关注的文化现象。除了广为人知的数学家群体、版画家群体、美术家群体、经济学家群体、书法家群体之外，还有一个重要的知识群体，那就是语言学家群体。继孙诒让、宋恕、李笠、戴家祥、林尹之后，当代的郑张尚芳、游汝杰、温端政、颜逸明、沈克成、潘悟云、许威汉、胡奇光、吴安其、张公瑾等人逐渐形成了一个彼此联系、相互协作且具有重大影响的新的知识群体。他们有共同的特点，如会讲温州话，并研究温州方言；长年刻苦耕耘，潜心研究学问；更重要的是他们充满科学精神，勇于推动学术创新。

让人惋惜的是，这个群体中很多卓有成就的人正在相继离开我们，这让对他们的关注和凝视都显得更为迫切：颜逸明先生因病逝世之前的三个月，著名温籍语言学家温端政先生因病在温州去世，享年 89 岁。两年前，郑张尚芳先生去世。

温州是研究古老语言的沃土

有关温州方言的记录，其实从宋代就已开始。真正记录温州方言的典籍以宋末戴侗《六书故》为最早，明清以来则文献日益丰富，汇聚成了极其浩瀚的地方学术宝库，也为温州孕育出众多语言学家提供了沃土。近年来，凝结诸多温籍语言学家心血的《温州方言文献丛刊》，自 2013 年起由浙江人民出版社陆续出版发行，这部书籍以郑张尚芳、沈克成为主编，潘悟云、游汝杰、温端政、颜逸明、吴安其等学者为顾问。随着这部重头文化著作的面世，其背后的温籍语言学家再次走入公众视野。

说到温籍语言学者群体，首先绕不开有着"语

言学界最懂温州话的人"之誉的郑张尚芳。他凭着过人的毅力，从"古风犹存"的温州话等方言中提炼出"语言密码"，50多年笔耕不辍，终成汉语音韵学泰斗级大家。这位传奇人物没上过一天大学，却直接以高中学历，考上大师云集的中国社会科学院副研究员，他的徒子徒孙中，成为博士的已有上百人。

笔者曾与郑张尚芳先生有过几面之缘。和他接触过的人，会感觉到他的亲切和气。记得2012年11月11日，他在温州市图书馆一楼多功能厅举办讲座，未开始就人气"爆棚"。从五六岁的小娃娃到七八十岁的老人，在讲座前半小时已经把座位占满。白发苍苍的郑张尚芳对听众的要求尽量配合满足。讲座间隙，笔者眼见老先生认真地一一回答了听众的问题，配合人们合影留念，应有些听众的要求，还为他们留下了自己的家庭住址。

郑张尚芳曾任中国音韵学研究会理事、学术委员。此外，他兼任北京语言大学、上海师范大学语言所教授和南开大学教授等职，在新浪开辟有博客，传播语言学方面的研究心得。独乐乐不如众乐乐。因为自己热爱语言学，郑张尚芳看到

←
1987年9月，在浙江普陀召开的汉语方言学会年会上，温州籍学者应邀与会。左起：游汝杰、温端政、郑张尚芳、颜逸明、潘悟云

有志于在语言学领域探索、试验的年青一代，总是心怀喜悦，尽量给予支持和鼓励。1969年，当他发现同乡潘悟云是个耐得住寂寞，又对音韵学有兴趣的人时，便开始教潘悟云音韵学的研究方法，引领他入门。1979年，36岁的潘悟云考上复旦大学的语言学研究生，如今也成为汉语音韵学方面的著名专家。

这样的为人为学态度和郑张尚芳的人生经历有关："我虽然未能如愿考上大学，可是我得到过众多人的帮助，还有好多前辈的关爱，如吕叔湘、袁家骅、王辅世、王力、李荣等著名语言学大家，是他们为我的自学指迷答疑。"

而秉持相似的为人为学态度，再扎根于温州这方研究古老语言的沃土，温籍语言学家群体熠熠生辉。

颜逸明先生长在浙南古老的萧江渡，这里是宋侍郎萧振的故里。家乡桔坡山的山歌，北港的民谣，温州话方言和谚语都深深地烙在他的心底。他清楚地记得，像"秋淋雨隔牛背"一样，自己在温州地头上行路，每一个小地方都有各自特定的方言。他说，是故乡的语言营养滋润的吧，使我有幸成为一个终生从事方言研究的学者。他离开家乡在外半个世纪，未改乡音。在美国西雅图讲学期间，还与夫人一起到公园采集花籽，寄给家乡萧江的学校，鼓励孩子们热爱家乡，同时还要学习西方的文明，让家乡更加文明富强。

让沈克成印象至深的是，2011年，他和郑张尚芳先生联合主编《温州方言文献集成》时，颜逸明、温端政、游汝杰、潘悟云等先生都欣然给予指导和帮助。2019年，他编撰《温州话辞典》，深感肩头担子不轻，拟请颜逸明先生等几位老专家继续当顾问，颜逸明先生病重之际仍然认真给出了专业建议。沈克成回忆道："2020年4月21

日，我给颜先生打电话，他告我住院已七个月了，但还是欣然接受了邀请，请市委宣传部将聘书和有关资料直接寄到医院给他。5月5日，我们就收到颜逸明先生发来的终审意见：'《温州话辞典》结构系统清新，古语音义考证都很精彩。本辞典的出版必将受到学界的关注。我在六医院住院已经七个多月了，情况良好，但来日无多，望同志们早日完成任务。'现今，书稿已交商务印书馆编辑，并答应2020年底即可付梓，没想到'来日无多'一语成谶，颜先生如此关注的《温州话辞典》，他却见不着了，实在是遗憾得很！"

求知识做学问不遗余力

2020年3月26日，温州语言学者盛爱萍在微信群里，看到温州学者卢礼阳发的两条消息，惊悉温端政先生仙逝。"从礼阳老师处得知，3月1日，温先生就回温州治病了，而我却毫不知情，直到他仙逝，我都没能去看先生一眼，也没能送他老人家最后一程。念及此事，不禁潸然泪下。温先生的音容笑貌如在眼前，往事桩桩历历在目。"

温端政先生生于平阳，北京大学中文系毕业，曾任《语文研究》编委会主任、山西省语言学会名誉会长、山西省社会科学院语言研究所名誉所长等职。温先生在语言学界享有盛誉，其研究重点为汉语方言和语汇。方言研究方面，连续主持"六五""七五""八五"计划的国家重点科研项目《山西省各县市方言志》《山西省方言通志》《现代汉语方言大词典》（分卷本）的编写。成果多次获山西省政府一等奖、国家辞书一等奖、国家图书最高荣誉奖等。

这些成就，无不是以超乎寻常的坚韧、不遗余力的求索取得的。温端政在温州中学高中部读

书时，因家贫一度想要辍学，幸得老师马骅先生鼓励和帮助才完成高中学业，1954年考入北京大学中文系，毕业后分配到山西忻县师范专科学校任教。"文革"时，他和家人被下放到山西运城农村，安置在猪圈旁的茅屋里。直到1978年调入正在筹建的山西省社会科学研究所，之前整整16年时间他一直从事与语言学无关的工作，这是他心中的遗憾。后来主持国家"六五"计划项目《山西省各县市方言志》试编本和《山西省方言志丛书》的时候，温端政事无巨细，靡不躬亲，从计划、编写样本、审稿到出版一路抓下来，居然亲自办起一个小活板车间，用来解决《山西省方言志丛书》的排版问题。

尤其让人感念的是，他身在山西，仍心系家乡，百忙之中，还编写了《苍南方言志》，介绍苍南地区的五种方言——浙江闽语、属吴语的瓯语、属

↙
《温州方言文献集成》出版

→
主编之一郑张尚芳按捺不住喜悦的心情（杨冰杰摄）

2013 年 5 月 14 日，在《温州方言文献集成》首发式上，三位语言学家相聚。从左至右分别为潘悟云、郑张尚芳、沈克成。（杨冰杰摄）

吴语或闽语的蛮话、接近普通话的金乡话，为家乡温州各县（市）的方言志编写提供了范本。

细究温端政这一代温籍语言学家的成才经历，无不折射出波澜壮阔的大时代下个人命运的曲折，而他们在曲折人生中对学问的孜孜求索和对后辈的乐于提携，为语言学的薪火相传铺就了道路。

潘悟云曾因家庭出身问题不能参加高考，年轻时他曾经拉过板车，造过船坞，捡过煤块。他在造船厂挑泥土的间隙从未放弃对知识的求索：坚持背诵《楚辞》，在锅炉厂车间休息的时候做高等数学题，背诵《左传》《尔雅》。终于，1969 年他遇到了郑张尚芳。因为中国社会科学院语言研究所所长吕叔湘先生借给郑张尚芳的高本汉《中国音韵学研究》要收回，郑张尚芳找到潘悟云帮忙抄写。潘悟云用了一个月时间，抄写一式两份，另一份留给自己。这在郑张先生心中留下"能坐冷板凳"的印象。从此两人成为语言学道路上相知相惜的良师益友。

1979 年，高考恢复让一直坚持学习的潘悟云获得"重生"。他考上复旦大学研究生，1982 年获复旦大学中文系硕士学位，后在温州师范学院任教。现为上海师范大学教授，上海师大汉语言文字学博士点负责人。自 20 世纪 80 年代起，潘悟云最早将计算机技术运用到汉语音韵学和方言学研究中，把过去几天几夜才能完成的整理工作在几秒钟之内用计算机完成，使得国内语言学界的发展迈进了一大步。他在上古汉语历史音韵和中古汉语历史音韵方面都提出多项创见，又指出汉语方言史的研究必须在做历史层次分析的基础上才能运用西方的历史比较法，同时主张以各个历史层次面貌的构拟来取代原始语的构拟。另外主持翻译了高本汉《修订汉文典》等重要著作。

方言是家乡的文化遗产

近年来，温籍学者编著的温州方言类研究书籍颇为可观，共同铸起语言学的丰碑：郑张尚芳的《温州方言志》；潘悟云的《温州话音档》；游汝杰、杨乾明的《温州方言词典》；颜逸明的《浙南瓯语》；温端政的《苍南方言志》；杨勇的《蛮话方言史》；沈克成、沈迦的《温州话》《温州话词语考释》；沈克成的《温州话字林》《温州方言韵略》；殷作炎的《金乡话词典》；金城濠的《百晓教你学说温州话》；全金鳞的《温州方言集锦》；吴孟前的《温州俗语》等。

应该说，温州方言本身具有的学术价值，吸引着人们关注的目光。可是，去除种种功利的因素，不难发现，更多人关注、珍惜地方方言，根本的动力还是源于对家乡的情结。是的，方言是维系乡土情感的重要纽带。那些为之投入诸多心血的人，他们为保存这份乡土情感纽带所做的种种努力，照亮着温州未来的文化发展之路。

谈到温州方言，游汝杰先生有过一段很生动的阐释："方言是一个人的母语，能充分地表达思想感情，何况方言还蕴含着地方文化。因此方言是地方文化的组成部分，方言的消失是一种文化的损失，那是很可惜的。我们主张极力维护方言的生存，甚至维护方言的纯洁性，即正宗的读音和词汇。一个温州人，在外地如果连温州话也不会说，同乡相逢就减少了亲和力。我在《方言与中国文化》一书中曾谈到这些问题。"

自1978年恢复高考之后，游汝杰先生也和同乡潘悟云一样，考上了复旦大学中文系语言学专业硕士研究生。1981年，游汝杰获硕士学位毕业留校任教至今，现为复旦大学特聘教授、博士生导师，复旦大学吴语研究室主任，兼任中国语言学会常务理事、全国汉语方言学会理事、上海语文学会长等职。

长期以来，温州本土的语言宝库和复旦自由的学术精神，让投身于汉语方言学和中国文化语言学研究的游汝杰在吴语领域取得了显著成果。他从研究生阶段就开始实地调查记录汉语方言近百处，擅长汉语方言的综合研究和比较研究，致力于汉语方言学的理论建设；在从事方言调查工作时，于1985年首倡中国文化语言学研究。他的论著主要有《方言与中国文化》（与人合作），《汉语方言学导论》《中国文化语言学引论》《西洋传教士汉语方言学著作书目考述》以及《上海市区方言志》语法部分等。发表论文80多篇，刊于《中国语文》《方言》《民族语文》等学术刊物，曾七次获省市级以上的科研成果奖。

"我是温州人，研究语言当然得地利之优势。"2009年，游汝杰在接受温州学者孙金辉采访时，谈到他跨进语言学的奇妙因缘："我1956年初中毕业后，因病休学就到杭州我姑丈夏承焘家了，夏承焘是一代词宗，杭州大学的著名教授。他亲自教我读唐诗宋词，教我用温州话吟诵宋词。他自己学唐代褚遂良的书法，叫我也跟着习字。他规定我每周读一首宋词，并写出读词的体会，他会给我口头批改。夏先生一生钟情于古典文学，希望我也能踏进古典文学的殿堂，可是我却选择了语言学。因为记得当时研究温州方言的郑张尚

芳常来夏家与姑丈讨论温州方言，我在旁边听着也有点感兴趣。再就是姜亮夫先生了。他是我国著名的楚辞学、敦煌学、语言音韵学大家，与夏先生是邻居。他对我说，温州话是很有意思的方言，有特点，你可以与郑张尚芳一起研究温州方言……"

时光轮转，深情永在。郑张尚芳、游汝杰、温端政、颜逸明、潘悟云……一位位语言学家，后来为了更大的造诣离开了故乡，但却又在语言的故乡中相聚相携、相互影响，让自己的心停泊在了故乡。

或许，温籍作家林斤澜的一段话更为凝练地说出了这些珍视方言的人的心声："我晓得人都把各自的家乡语言叫作'母语'。还因为这个'母'字，想到大地母亲，想到母亲的河，想到水，想到生命。"

↑
研究温州方言的有关著作（杨冰杰摄）

育英情怀

金丹霞

1991 年 11 月 15 日，天清气朗。在人群的簇拥下，西装革履的何朝育先生和著名数学家、温州大学名誉校长苏步青一起，手持扎着红绸带的铁锹，颤颤巍巍却又兴致勃勃地为温州大学未来的图书馆培上了第一锹土。

这是温大育英图书馆奠基仪式上的一幕，也是"育英"系列的第一个项目。此后，"育英"在温州城遍地开花，成为爱与慈善的别名。

走上经商道路

"育英"，取自何朝育、黄美英夫妇之名。

何朝育，1916 年出生在瓯海区三垟乡池底村。其父何啸秋是温州电力创办人之一。

那还是在何朝育出生前几年的事。1912 年春，宁波商人王香谷在双莲桥买下七亩地，盖起了五间楼房，招股筹办协利电灯公司。不料筹款搁浅，便以"要事回乡"为由，登报将已投入的不动产转让。

乡绅李湄川、何醒南、高俊青、董仁山、何啸秋等人见报后商议，办电力既为公共事业做好事，又有利可图，终以 5000 元收买。他们又向乡下亲友劝募，共筹股金 5 万元，取名普华电灯股份有限公司，成立股东会。1914 年 3 月 27 日夜晚，温州城亮起了有史以来的第一盏电灯。

何朝育的童年就是在父辈亲手点亮的光明和温暖中度过的，然而，好景不长。14 岁那年，父亲英年早逝，家里的经济支柱倒了，境况一下子陷入窘迫之中。寡母拉扯着四个儿子艰难度日。迫于生计，少年何朝育辍学回家后，奉母命在钱庄学生意，开始走上了经商道路。小小的少年常

背着铜钱往返于各店铺之间，步行于城区老街和南塘河畔等处，早早便领略了人生的艰辛。这段经历，用何朝育自己的话说："对我一生影响至大。"

抗战胜利之初，何朝育即赴台湾经商。那时温州到基隆每天有一班轮船，他和很多温州人一样，在温台两地之间跑单帮。直到1949年始偕妻黄美英在台湾定居。

黄美英，1926年生于现在的龙湾蒲州。她的两个舅舅都是温州现代史上有名的人物，一个是国民党的高官——著名将领、第二兵团司令邱清泉；一个是共产党的高官——先后在温州专署、温州地委、省农业机械厅、浙江大学、省委教卫部、省委组织部等部门担任领导职务，最后在浙江省政协副主席位置上退下来的邱清华。

黄美英的父亲潦倒无业，因此她家常靠外公家接济。两岁那年，父亲病逝，四岁那年，母亲病逝。姐妹几个成了孤儿，更是长年住在外公家的大院子里，和这个只比她大六岁的"阿四儿舅舅"邱清华玩在一起。后来，两人都是在蒲州小学接受的启蒙教育。

就在邱清华后来钻山林、打游击的时候，黄美英嫁给了比她年长10岁的何朝育；就在温州和平解放，邱清华带着部队进城的时候，黄美英已经跟着丈夫在台湾打拼。

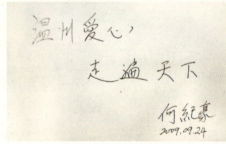

温州爱心，
走遍天下
何纪豪
2009.09.24

台湾创业艰辛

在台湾创业之初，日子依然很艰难。黄美英后来回忆说，他们去台定居后，何朝育第一次去香港购买暗扣及棉绒布等，第二次去菲律宾买尼龙伸缩的男女袜子及小孩毛衣等。那时台湾没有这种产品，所以利润很好。但后来很多朋友也跟着买这些货品，结果进口太多，造成亏损。夫妇二人商量今后向制造方面发展。何朝育第二天就去台北办理登记正大针织厂，并

←
1991 年秋，何朝育、黄美英夫妇第
一次踏上阔别 40 年的故土。

何纪豪所题"温州爱心走遍天下"

↑
1991 年 11 月 15 日，著名数学家、
温州大学名誉校长苏步青与何朝育
先生一起为温大育英图书馆奠基。

加入针织公会，很快得到配给的棉纱。

就是靠着这一小包一小包计划配给的"洋纱"，正大针织厂开始了生产制造——用五台人工手摇机织成女长袜。何朝育亲自动手搅拌染袜，染好用模型烘干，整理包装，又自己当推销员送到台北去卖，这样积累了第一笔资金。

他们当时住在基隆，为了便于产销经营，全家搬到台北。黄美英一直跟在旁边学习管理，她是很好的内当家。五年后，袜子已没有利润，他们又商量着引进设备制造尼龙丝原料……

凭着温州人灵活的经营头脑和不怕吃苦的精神，何朝育、黄美英夫妇从家庭作坊起步，一点点发展起自己的事业。1963年，他们成立正大纤维工业股份有限公司北投厂，1967年又成立正大尼龙股份有限公司新店厂，1975年再设立淡水分厂，20世纪80年代跻身台湾百大企业之列。他们还创办了海事专科学校，其子何纪豪便是毕业于此校的航运管理系，台湾鸿海集团董事长郭台铭是他的同班同学。事业蒸蒸日上的何朝育一度被温州乡亲称为台湾经济界"四大豪门"之一。

后来，由于社会的发展变迁，行业竞争加剧、劳工工资上涨等诸多因素，正大公司的经营出现了危机。何朝育虽说文化程度并不高，但善于在实践中摸索经验，多年在商界的摸爬滚打让他眼光敏锐、反应快捷，他抓住时机迅速转型，停止制造业经营，转为服务业和租赁业。

"育英"项目成系列

何朝育当年踏上温州到台湾的最后一班轮船时，怎么也没想到，这一别就是40年的光阴。水乡的石板桥，河岸边的大榕树，榕树后的关帝庙，常常走进他的梦中，而含辛茹苦的老母亲更让他

↑
温州医学院附属第二医院 2003 年为何朝育先生塑像

魂牵梦萦——"吾14岁丧父，大哥亦英年早逝，二哥大我八岁，三哥大我三岁。母亲含辛茹苦照顾，关心我三兄弟。来台定居……稍有所得，即汇给母亲，以慰亲情……"

1991年11月，和煦的春风融化了两岸长期隔绝的坚冰，已过古稀之年的何朝育先生偕妻女，终于踏上了归乡的路。踩着大红的地毯，捧着大把的鲜花，走下舷梯的何朝育激动万分，他紧紧地抱住前来迎接的亲友，辨认着一张张似曾相识的脸，握住一双双历经风雨沧桑的手，喃喃地念叨着：到家了，到家了！

此行何朝育、黄美英夫妇的目的很明确：给家乡建成不久的温州大学捐建一座图书馆。

母亲健在的时候，何朝育将辛苦所得报答母恩；母亲逝去了，他选择了将一生创业的积蓄报答乡情。那时，他们多半靠台北温州同乡会印行的《温州会刊》了解家乡的变化和发展。1990年和1991年的两期会刊连续刊登了时任温州大学校长魏萼清所写的《温州大学简介》，希望初具规模的温州大学得到海内外同胞的资助，以及温大希建图书馆的消息，恳请乡亲大力支持——这些内容让时刻牵挂着家乡的何朝育夫妇记挂在心：一个人一个人地捐钱要捐到什么时候呢？不如我们独立承担吧？

夫妻俩商量着以黄美英的名义捐400万人民币（后来追加到628万），在温大建一座图书馆。因为当时两岸关系来往不便，前期事项均是委托在香港经商的侄女婿和温州有关方面商谈。他们还托侄女婿打听"阿四儿舅舅"，很快便联系上了时任浙江省政协副主席的邱清华。

在家乡的日子里，何朝育夫妇不顾年事已高，四处奔走，迫不及待地安排一个个捐资项目。经过一番实地考察，他们决定将捐资重点落在医疗

和教育等公益事业上，为家乡百姓造福。当年，除温州大学育英图书馆外，他们还捐资1500万港币建设温州医学院附属育英儿童医院，并给这两个单位捐助了皇冠轿车、丰田救护车以及图书等。

此后八年间，何先生伉俪年年来温，有时甚至一年两次。一个个以他们二人名字联合命名的"育英"系列项目——温州师范学院育英大礼堂、温州医学院育英学术馆、温州医学院附属一院育英门诊楼、温州医学院附属二院育英门诊综合大楼、温州市育英老年康复中心、蒲州育英学校等相继奠基、落成、开放。

1999年，当得知瓯北镇箬岙底村因特大暴雨成为当时四个重灾区之一，何朝育夫妇立刻捐出100万元用于灾民安置房建设，当地村民称这个新村为"育英新村"，并在新村入口处立一牌坊，作永久纪念。

2001年，当得知温州医学院六名眼视光学博士研究生将赴美学习深造，费用较高时，还是何朝育夫妇慨然出资100万元，启动了温州和美国联合开展的"眼视光学硕士/博士连读项目"……

每次捐赠时，何朝育常常对受赠单位说：拜托你们了！希望大家重视这些捐赠项目，抓紧时间建好，及时发挥作用，早给家乡人民带来好处！而每个项目落成时，何先生都要自掏腰包摆下盛大的答谢宴，感谢这些项目的建设者、经营者和管理者用好了他们夫妇提供的资源，使这些财富能真正做到泽被桑梓、造福后代，"其意义不可谓不广阔深远"。因此他要一谢再谢！

回乡情更切

老家，是祖祖辈辈繁衍生息的故土，是留下儿时记忆的家园。

1992年清明前后,何朝育终于回到了位于三垟水乡的池底村——他生于斯长于斯的童年家园。那天的情形给瓯海区原台办主任冯强生留下了深刻的记忆:公安汽艇在前面开道,三艘小火轮插着五星红旗,载着何朝育和随行的十多人,沿着温瑞塘河行驶。一路清风徐来,碧波微漾,家乡熟悉而又陌生的风景让何朝育沉醉不已,感慨万千——

河岸上的大榕树下仿佛还有童年欢快奔跑的身影,大榕树后的关帝庙里依稀传来儿时稚嫩的读书声,村口的何氏宗祠老屋则像睿智的老人,越发静默在岁月的深处。面对祖宗牌位,身着西装革履、锦缎旗袍的夫妇俩倒头便拜:列祖列宗,我们回来了!

乡亲们热情地围着何朝育夫妇,他也在人群中急切地寻找着。"大人友!"他认出来了,这不是儿时一起摘柑橘的伙伴吗?不善言辞的他颤抖着半晌说不出话来,只管从口袋里摸出一沓一沓的钱塞过去——都是乡人不识的港币。冯强生说,老人就是用这种最朴素的方式,真切地表达着自己最热烈的情感。

瓯海区台办还特意请温州知名画家吴思雷创作一幅《南仙垟池底村即景》,更是勾起了何朝育心底深处的乡情。那纵横的河道,那古朴的石桥,那芳馨的柑橘树……何朝育一直捧着这幅画仔细端详,久久不舍得放下。

恋乡念旧的何朝育夫妇对自己的老家倾注了一份浓浓的情愫。在"育英"系列之外,何朝育陆续捐资兴建了以"啸秋"命名的项目,啸秋中学、啸秋小学、啸秋大桥等,这都是为了纪念他早逝的父亲。

捐资670万港币建成的啸秋中学和啸秋小学两校相邻,都坐落在池底村,按现代示范学校标准设计建设。瓯海区政府为了纪念何朝育夫妇慷慨解囊、捐资办学的义举,特地请著名雕塑家李强创作了命名为《舐犊情深》的群鹿雕塑。在落成典礼上,啸秋中学聘请何朝育为名誉校长。

蒲州育英学校则建在黄美英的老家故居附近。何朝育夫妇出资150万元,重建了当年读书时的蒲州小学,彻底改变了家乡孩子一直在旧祠堂上课的窘境。学校二楼另设一间慎志图书馆,是为纪念抚养黄美英成人的外公邱慎志老先生。

他们还为当地乡亲建起了蒲州乐园,园内飞檐翘角的梅芳亭是取黄美英的父亲黄桂芳和母亲邱红梅的名字而命名,寄托着女儿隔山隔水隔着岁月长河的一份念想。

爱心接力棒

1998年9月26日,何朝育夫妇来温参加温州医学院附属二院育英门诊综合大楼奠基仪式以及育英老年康复中心、温州育英学校落成典礼。12天后,他们离温返台。自此,老先生再也没能回到温州。

毕竟是80多岁的老人了,而且他因冠心病接受了心脏支架介入治疗,不宜长途跋涉,因此何朝育委派儿子何纪豪为代表,接过了这根爱心接力棒。

何纪豪当年是在母腹中来到台湾的,三个月后降临人世。他笑称自己是"温州制造,台湾交货"。这个生在台湾长在台湾的何家独子耳濡目染了父母对家乡温州的眷念,竟也说得一口流利的温州话。父母的慷慨捐赠、乐善好施更是影响了他的人生品格。

背负着父母的重托,何纪豪在两地间不断奔波,平均每年来温州两趟。2002年中秋,何纪豪

→
何纪豪接续了父母的爱心事业

来温视察各捐赠项目，并宴请各受赠单位领导。宴会中，何纪豪用手机接通在台的父母，通过扩音器话筒，传递了何朝育夫妇的思乡深情和欣慰之意。何纪豪当时说了这样一番话——捐赠事业像给各位造了一艘艘新的龙舟，要靠大家齐心协力使劲划，才能永远向前，创造更好的明天！全场掌声雷动，在座者无不动容。

近 20 年来，何朝育夫妇捐赠的项目均得到很好的发展，在各自的领域里都发挥了巨大的效能。中共温州市委、市人民政府高度赞扬何先生伉俪的慷慨义举，称在这些项目的建设与经营中产生了一种体现中华民族传统美德和温州人务实、创新精神的"育英精神"，其意义与影响都是深远的。省人民政府教育基金会授予其荣誉证书和"捐资助学功垂千秋"的牌匾以示表彰。

处事低调的何老先生一再强调不登报、少宣传，他始终不肯接受记者的正式采访。但为了表达对两位老人深深的敬意，温州市台办还是在他们捐资温州 10 年纪念时策划刊行了《育英情怀》图册；2007 年时任温州大学党委书记陈艾华带队，温州电视台杨笑和谢建平随队赴台湾采访，拍摄制作了专题片《育英情怀》。

何朝育自己不能常回家看看了，但依然时刻惦记着温州，经常打电话询问各个育英项目的运转情况。他说，我要叫儿孙们都能回来看看家乡的变化，因为他们的根是在温州。

2008 年 8 月 10 日傍晚 5 时 38 分，93 岁高龄的何朝育老先生在台北家中，溘然长逝。

消息传来，一海相隔的温州陷入了深深的哀痛中。温州市政府、瓯海区政府、温州市台办、瓯海区台办、教育界、卫生界纷纷向何家亲属发去唁电，表达对何老先生的崇敬和悼念之情："何老的慷慨善举和崇高品格在家乡有口皆碑，他的名字和事迹将为温州人民所永远铭记！"

何朝育的名字和 1.3 亿元的无偿巨额捐赠紧紧连在一起，他是迄今向温州捐赠善款最多的温籍乡亲。

橘红桂香故园情

金丹霞

2001 年 10 月 19 日晚，无数次在笔墨间寻觅归乡之路的琦君，终于坐着轮椅，回到了阔别半个多世纪的故土家园。

一抹夕阳，一片垂柳，一湾溪流，一缕花香，都让 85 岁高龄的老人唏嘘感叹，她辨认着儿时的玩伴，钩沉着潘宅的旧事，抚摩着岁月的痕迹，寻找着生命的根系，脱口而出的是一口依然流利的温州话：故乡，我回来了！

离别 57 年后，这是琦君第一次也是唯一一次回到家乡。

一

家乡老屋的前后大院落里，最多的是桂花树。一到八九月桂花盛开季节，简直是全村庄都香喷喷呢……一阵风吹来，桂花就纷纷落在我头上、肩上，我就好开心。父亲还做了一首诗说："花雨缤纷入梦甜"，真的是，到今天回味起来，都是甜的呢。

——琦君《桂花卤、桂花茶》

琦君，原名潘希真，1917 年农历七月二十四日生于永嘉瞿溪。

瞿溪位于今温州市瓯海区，是一座三面环山的古老小镇。潘宅就藏身在瞿溪老街深处，溪水清澈的竹桥头。

这座占地 18 亩，建于 20 世纪 20 年代的中式大庄园，其主人是当时温州显赫一时、至今仍为人所津津乐道的原北洋军阀时期浙江陆军第一师师长潘国纲（字鉴宗）。他是琦君的大伯父。在琦君 1 岁丧父、4 岁丧母后，更是成了琦君的养父。他与妻子叶梦兰所给予养女的爱，构成了琦君关于童年的几乎全部念想。

潘宅内建有正屋楼房与前庭平房各五间，朱

→
中学时代的琦君

红绣漆，雕梁画栋，十分气派。庭院深深中还有池亭秀雅，回廊悠长，花木繁茂，墨韵书香。琦君在这里成长，启蒙读书、认字描红，读诗经孟子、诵唐诗宋词，12 载的童年岁月深深地烙进了生命最初的记忆中。

1928 年，琦君随养父母举家迁往杭州。此后她在杭州读书，读了中学，读大学。1936 年直升入杭州之江大学后，师从温籍词学大师夏承焘先生。夏承焘和潘国纲交往多年，也很欣赏琦君的才华。奈何时逢抗战，学业断续。更兼养父母相继去世，琦君痛不欲生。琦君和养父母感情很好，无数次在文章中用笔墨寄托深情。潘国纲 1938 年去世时，她数次哭晕厥过去，甚至试图自杀。

1942 年仍处抗战时期，琦君回到家乡，应邀在永嘉中学（今温州二中）执教。当时，从各地避乱回乡的夏承焘、钱天起、徐桂芳等也在永嘉中学任教。

琦君和夏承焘先生同教国文，夏先生教高二、高三，琦君教初三、高一。当年下半年，琦君寄住于夏承焘谢池巷的寓所，每日清晨帮师母做早餐，饭后与夏先生一起去上课。

虽然她在永中的日子只有一年，回忆却用尽一生还嫌太短。她跟随恩师担任"助教"，在走廊里欣赏夏先生一边散步一边高声朗吟诗词；在简陋斗室里，和学生兴致勃勃成立诗社，谈文论艺，

←
1950 年琦君与李唐基结婚照

吟诗赋对；指导学生排演话剧《雷雨》，亲自出演繁漪一角，公演时场场爆满，轰动整个温州城——琦君称这是"一生中最快乐的时光"。

二

我是因为心里有一份情绪在激荡，不得不写时才写。每回我写到我的父母家人与师友，我都禁不住热泪盈眶……像树木花草一样，谁能没有一个根呢？我若能忘掉故乡，忘掉亲人师友，忘掉童年，我宁愿搁下笔，此生永不再写。

——琦君《烟愁》

抗战胜利后，29 岁的琦君回到杭州，任教母校兼浙江高等法院图书管理员。

1949 年一个风雨之夜，琦君漂泊到台湾，任职于台湾高等法院任法庭书记官。这份工作她干了 20 年，直至因健康问题退休。

初到台湾，远离故土，在凄凉无助的心境中，琦君时时陷入对往事的回忆中。怀着对亡故哥哥的思念，她写下了散文《金盒子》，发表在台湾"中央日报"副刊上。清丽的文字，内蕴的深情，讲述了她与哥哥生离死别的伤痛，寄予了内心无尽的哀思。这篇寄情怀愁的文章，引起了台湾的广大读者，特别是从大陆漂泊到台湾的读者的感情共鸣，激发了他们对远方亲人的深深怀念。

这篇文章后来被收入琦君的第一本散文集《烟愁》，还被选入 1991 年台湾中学语文课本中。

此后，琦君便一发不可收。"农村时代的新年，是非常长的。过了元宵灯节，年景尚未完全落幕。还有个家家邀饮春酒的节目……"琦君用这样一种细腻温婉的笔调、干净淡泊的文字，诉说着悠

长连绵的乡愁。

她思念故乡的风土人情。忆大年夜点喜灯，忆元宵节的灯会、滚龙和吃汤团，忆故乡的婚庆习俗，忆得兴兴头头。

她思念故乡的特产小吃。忆春酒、粽子、杨梅、桂花卤、桂花茶……她写自己新年时最喜欢喝母亲酿制的八宝酒（用枣子、荔枝等八样果子和药物制成），因为有味道，还能补气、健脾、明目，说得津津有味。

她思念故乡的亲人师友。勤劳节俭、慈悲宽怀的母亲，威武严厉却又儒雅亲切的父亲，师友的教诲，亲朋的关爱，看似平淡无奇的文字，却有力透纸背的感怀……

琦君因文成名，也因文结缘，遇到了相守一生的爱情。

毕业于复旦大学经济系的四川青年李唐基，1946 年因工作需要来到台湾。因为战乱，无法与家人团聚。他看到琦君发表在报纸上的文章《金盒子》时，陡然触动了骨肉分离的伤痛，使他更加想念远在大陆的两位小弟弟。李唐基将《金盒子》小心翼翼地剪下，保存起来。也许是冥冥中自有神助，一次偶然的机缘，他经朋友介绍，认识了名叫潘希真的女作家，再一了解，才知道眼前这位潘小姐就是写《金盒子》的作者琦君。

李唐基后来给琦君写信，谈自己对《金盒子》的读后感，并在信中引用杜甫《月夜忆舍弟》的诗句：“戍鼓断人行，秋边一雁声。露从今夜白，月是故乡明。有弟皆分散，无家问死生。寄书长不达，况乃未休兵。”

两人鱼雁往来，日渐投契，于 1950 年组成了“和而不同”“求同存异”的幸福家庭。从此，两人携手相依 50 多年，“诗、散文、生活”构成了他们整个家庭的基调。

三

生涯有限，去日苦多，时光愈短暂，也就弥足珍贵……我仍当以全心灵领略一花一木的壮美，捕捉梦痕，继续付诸篇章。

——琦君《留予他年说梦痕》

琦君相继出版了《烟愁》《红纱灯》《三更有梦书当枕》《菁姐》等 40 余部散文小说集，以及十余部童话戏剧、论文及翻译著作。其中不少作品被收录进台湾教科书，多次获大奖。许多作品还被译成美、日、英、韩多种文字，深受海内外读者喜爱。随着她的作品《橘子红了》被拍成 25 集电视连续剧，在大陆走红，她的名字也逐渐被大陆读者所熟知。

海峡两岸的文学研究者和许多读者，常常将琦君比作大陆的冰心。

琦君与冰心，不仅身世极为相似——出身大家闺秀，父亲为官，母亲贤淑，从小受到母爱的熏陶和良好的文化教育，而且在文章题材上也颇为相近。她们以母爱与童心为主题，表现生活中的人性之美，并以此寄托乡愁；她们赞美向往童年，分别写了许多寄小读者的文章；她们关爱生灵，对小动物都有一种悲悯情怀。

不同的是，冰心早年留学海外，受到西方文

→
为家乡题词（叶剑平摄）

琦君和夫君、儿媳沉醉在故乡的山水间（叶剑平摄）

学与文化思潮的影响，她的文风和语言，有着欧化的文学语言和文学风格的印记。琦君则早年深受中国古典文学浸润，她的文学语言与文学风格深含中国古典意境。

台湾《中国时报》一项调查显示，琦君是近30年来台湾地区作品最畅销的女作家。琦君的文学作品，从20世纪六七十年代一直风靡到现在，很多读者说，他们是读着琦君的散文长大的。

琦君散文的独特性，是"无论写人、写事、写物，都在平常无奇中含蓄至理，在清淡朴素中见出秀美；她的散文，不是浓妆艳抹的豪华贵妇，也不是粗服乱头的村俚美女，而是秀外慧中的大家闺秀"。

海外著名学者夏志清高度评价，琦君的一些名篇，如《看戏》《一对金手镯》，即使列入世界名作之林也无愧色。他认为："琦君的散文和李后主、李清照的词属于同一传统，但她的成就、她的境界都比二李高。我真为中国当代文学感到骄傲。我想，琦君有好多篇散文，是应该传世的。"

琦君1977年客居美国新泽西州。2004年因年迈，气候不适，随夫君回到台北淡水镇养老后，旋即在台湾掀起新一轮"琦君热"。她早年执教的台湾"中央大学"中文系特意举办了研讨会及资料展，后又正式成立琦君研究中心。配合研究中心成立，台湾"中央大学"还同时举办了琦君及其同辈女作家学术研讨会，探讨琦君作品中诗化小说、怀旧散文及佛教意识等主题，并与同辈女作家进行比较考察。

四

橘子红了，桂花香了，我回来了；橘子确红，桂花真香，但我老了。

——琦君

家乡父老始终惦记着远方的游子。

早在1996年三溪中学40周年校庆时，就有许多校友及有识之士提议：修复琦君故居，创建文学馆。

当年的潘宅解放后已成为三溪中学的校舍。历经半个多世纪的风雨剥蚀，原先的雕梁画栋早已换却朱颜，宅内建筑基本上由教学楼、学生宿舍等校园设施取代，唯有五间正屋保留了下来。这是原宅的主建筑，共两层，坐北朝南。因其独特的建筑结构和历史地位，2001年被列为瓯海区文物保护单位。

远在大洋彼岸的琦君，得知家乡要为她建文学馆的消息后非常感动，1996年底即来信表达了自己的感激之情："……乡亲们有意在我瞿溪旧宅划出一间作为琦君文学馆……这份深厚的情谊使我感激万分。"此后五年间，八旬高龄的琦君不顾年迈体弱，为文学馆的建立倾注了许多心力。她先后来了九封信，关注着文学馆的每一项工作细节。

对琦君本人来说，文学馆亦是"一生的心愿"，她将自己的大部分作品以及多年珍藏的个人照片、名人墨宝、奖品实物等大量珍贵而丰富的资料陆续寄回家乡。她还出资1万美元资助故居修复。

由瓯海区瞿溪镇政府和三溪中学共同创建的"琦君文学馆"就设在故居的二楼，包括一间正厅、两间作品陈列室、一间生平室和一间名家评论室，馆内收集了琦君历年来的文学作品和部分荣誉证章，保存有一批珍贵的照片、手稿和书信等。三溪中学还设立了"琦君文学奖"，琦君每年资助1000美元奖励优秀的校园文学创作。

2001年10月22日，琦君文学馆正式开馆。

离别57年后，第一次也是唯一一次踏上家乡的土地，琦君正是应邀参加开馆仪式而来。她特

意穿上一件蓝花外套，活泼而素雅；一直陪伴在身边的夫君李唐基先生则一袭浅灰西服，内佩红领带，庄重儒雅。坐在轮椅上的琦君神采飞扬，面对话筒，她激动得像个孩子，半晌才说："谢谢、谢谢大家！"

琦君文学馆的东首，还保留有一段潘宅旧墙，墙边立着一株十余米高的玉兰树。琦君曾经在文章中描述："墙边那株高大的玉兰花开了满树，下雨天谢得快。我得赶紧爬上去采，采了满篮子送给左右邻居。玉兰树叶上的水珠都是香的，洒了我满头满身……"

又是玉兰花开的季节，而当年那个采花的顽童早已白发苍苍。

这是和父亲当年一起亲植的玉兰树，母亲常从树上摘下玉兰花供佛。站在玉兰树下，琦君一边抚摩着粗壮的树干，一边微微抬头凝视，她的目光穿越茂盛的枝叶，一直投射到远方。而远方，湛湛蓝天下，云淡，风清，雁归来。

左手举着家乡的桂花，右手执笔，琦君为父老乡亲写下了这样一段话："橘子红了，桂花香了，我回来了；橘子确红，桂花真香，但我老了。"

五年后，2006年6月7日凌晨4时，琦君在台湾省台北和信医院去世。据台湾媒体报道，5月13日，她因感冒感染肺炎而入院治疗，20日因呼吸困难住进加护病房，不料此后竟一病不起。

临终前，病榻上，她一再念叨着：我想回到自己的家乡啊……

书香门第里的
"卖艺人家"

施菲菲

电视剧《大栅栏》是京城文化三部曲《天桥梦》《大栅栏》《王府井》的第二部，2004年2月13日，北京电视台一套首播。备受媒体关注的是庞大的演员阵营中的黄氏四兄妹，他们四人都年逾古稀，白发冠顶。大哥黄宗江已83岁了，这次四人在剧中集体亮相，自然成为一大亮点。

摄影记者拍下了四兄妹的剧照，这张照片在十多年中频频被媒体采用，至今还那么鲜亮。

大哥黄宗江是该剧文学顾问，兼演李莲英；二姐黄宗英演"老格格"；三弟黄宗洛演顺天府穆大人；小弟黄宗汉是该剧总策划，兼演福王爷。

黄氏兄妹宗江、宗英、宗洛、宗汉是国内文艺界家喻户晓的艺术名家，他们在舞台上各有声色，舞台下的人生各具千秋。他们自称书香门第里的"卖艺人家"。

书声传百年

"书声传百年"，这是当地对瑞安黄氏家族的美誉。

黄姓祠堂曾有胡调元撰写的一副对联——"楚吴闽蜀黔齐列宿轺车半天下；父子兄弟叔侄一堂香火聚词林"。意思是：皇帝派出黄氏一门的乡试考官使车到过湖北、江苏、福建、四川、贵州、山东等地，几乎遍及半个中国；父子兄弟叔侄（指黄体正、黄体立、黄体芳、黄绍箕、黄绍第）五位先生都是通晓韵律的诗坛高手。

由此可见黄门当年的显赫声势，黄氏子弟的才学博深。

清朝中后叶是黄氏鼎盛时期，迁居到小沙巷的25世大房、二房是黄氏宗族中最显赫的一支。祠堂的那副对联，就是世人对他们的赞誉，他们兄弟二进士、同朝为翰林的盛况给瑞安这座文化古城增辉添色。名扬天下的瑞安"五黄先生"（指黄体正、黄体立、黄体芳三兄弟及体芳儿子黄绍箕、体立儿子黄绍第）中除黄体正因科场考官疏忽出事，被列为副榜外，其余四人都先后中进士入翰林，加上黄绍第的儿子黄曾铭留学归来后又在清末殿

试时中进士，黄家以"一门三代翰林"为瑞安历史上所罕见。

小沙巷原名振文坊，当年巷口有一亭，亭上列着由"东南第一笔"池云珊手书"比户书声"的匾额，这是黄家祖上为勉励子孙后辈"十年寒窗苦读，一朝金榜题名"而筑，黄门后裔果然不负祖上期望。"比户书声"的亭额在"文革"时期被摧毁，家传遗风却绵延承传，成为黄门传家至宝。黄氏子孙代代英才不断，在教育、艺术、科技等领域做出卓越贡献。

艺术常青树

黄宗江1921年生于北京，父亲黄曾铭在北京电话局做工程师。小时，父母经常带着子女去看戏，这对他后来的人生道路产生了极大的影响。

黄宗江在10岁时就写了《人之心》的寓言剧，在当时的《世界日报》上刊载。

1935年黄宗江考入有着悠久演剧传统的南开中学读高中，在校内经常登台演出，小小年纪便展示出了舞台才华。当时，许多角色需要男扮女装，黄宗江就经常扮演女角，所以有人把他和周恩来、曹禺一同称作南开中学的三大"女演员"。

1938年，黄宗江考入燕京大学外文系。19岁的黄宗江为情所困，中断了在燕京大学的学业，只身前往上海，投奔向往已久的"抗日孤岛"上海的进步剧团。经黄佐临介绍，黄宗江考进上海剧艺社，走上真正的演艺之路，并很快站稳了脚跟。不久他又加盟了黄佐临组建的上海职业剧团。

1946年秋天，黄宗江又一次走入燕京大学校园，过起了一边写剧本一边读书的生活。1948年，黄宗江的《大团圆》大获成功。这是黄宗江第一个搬上舞台和银幕的作品，也正是这部作品改写了黄宗江的后半生。他从演戏转为职业写作。

1953年胡石言、黄宗江编剧的《柳堡的故事》由八一电影厂摄制完成，与观众见面。那个年代，描写红色革命战争题材的影片是银幕上的宠儿，《柳堡的故事》大胆地开始在新中国战争题材影片中进行了描写爱情的尝试，特别受观众欢迎。这部电影的插曲《九九艳阳天》更是老少皆爱，整整传唱了半个多世纪，黄宗江的名字也随着这歌声红遍大江南北。

成功之际，黄宗江也收获了爱情，他与时任南京军区前线话剧团团长的阮若珊（阮若珊是原国家公安部部长、原海南省省委书记阮崇武的妹妹）相恋，1957年黄宗江和阮若珊喜结良缘。

1958年，黄宗江到八一电影制片厂担任编剧，阮若珊也转业到中央戏剧学院任教，他们在北京安了家。安居乐业的黄宗江进入了一个创作的高峰期，《海魂》和《农奴》就是这一时期的代表作品。黄宗江成了新中国著名的剧作家。

"文革"中黄宗江被打成反革命，并且被发配到甘肃天水劳动。待噩梦结束，黄宗江和阮若珊都已年近花甲。但他壮心不已，依然活跃在文坛，他的创作又进入了一个新的高峰，《柯棣华大夫》《秋瑾》等作品纷纷问世。

1990年黄宗江曾偕夫人阮若珊来温州讲学，并为瑞安高则诚纪念馆的建成出过力，由他们出面，请中国剧作界泰斗曹禺先生为纪念馆题词。

→
黄宗江四兄妹在《大栅栏》中的剧照

从电影明星到知名作家

9 岁时父亲病故，黄宗英读完初中后辍学，在大哥的召唤下，她进了上海职业剧团。

原温州医学院附属一医副院长黄问夔先生是黄宗英的远房叔叔，黄宗英多次来温州，为不惊动媒体和政府有关部门，"清静"地办些事情，一般不住宾馆而是投奔黄家。黄问夔的女儿黄喜春、黄宗敏、黄宗珏与黄宗英同辈分，均系黄氏宗谱中第 31 世孙辈。她们似亲姐妹相处，很谈得来。黄喜春一直珍藏着黄宗英演《家》中梅表姐的剧照，她说："亲朋好友中有好多'宗英迷'，那时不仅我们这一代人是'宗英迷'，我的上一代、我的'三姑六婆'们也都非常喜欢宗英演的那些角色。如《家》《乌鸦与麻雀》，这些片子在民国时期是大户人家小姐、太太们茶余饭后不可或缺的聊天时尚内容。"

黄宗英在《家》中饰演的柔弱幽怨的梅表姐和《一盘没下完的棋》中坚贞不屈的婉怡，已经定格在那一代人的记忆里。

拍摄《幸福狂想曲》使黄宗英与赵丹由相识到相知再到相爱。那段时间，以黄宗英的话来说，是他们的"幸福进行曲"。"文革"中，因为政治运动，黄宗英和赵丹历尽磨难。

在一篇自序里，黄宗英是如此诠释她由一位电影明星嬗变为一名作家的心路历程："我是一名没想当作家的作家。演着演着戏，觉得演员的生活比戏里还有戏，就拿起笔来写了。"没有明晰的目的，但内心情感的丰满洋溢，已无法局限在舞台和水银灯下释放，于是她拿起了笔，用这根情感的导管，将生活中所观察的以及自己的思绪倾注在了白纸上，变成一篇篇优美的文章。

文学创作上，黄宗英最成功的是报告文学，

←
黄宗洛与两个儿子

瑞安黄绍第故居

↑
黄宗江与黄宗英

首篇成功之作是以北京知青侯隽为素材的《特别姑娘》。

强烈的社会责任感涌动在外表柔美的黄宗英心中，从 20 世纪 70 年代后期，她以手中的笔，一而再，再而三地为知识分子正名呼吁，如她 1978 年写的《大雁情》、1986 年写的《小木屋》。

身在异乡的宗英，心系故里，她多次回家乡访亲探友，为家乡的文化、建设事业牵心。

据温州瓯剧团原编导张典松先生回忆：温州瓯剧团排演的瓯剧《高机与吴三春》，1957 年时在浙江省戏曲会演中得了满堂彩。编剧、导演、舞美、演员（由陈茶花演吴三春）表演等全获一等奖，可以说是轰动了江浙一带。黄宗英、赵丹夫妇很热心，一心想把老家的这出戏剧搬上银幕，他们准备将《高机与吴三春》改成电影剧本，他们为剧本列了提纲。1960 年那段时间，黄宗英多次往返上海与温州之间，为剧本的事奔波。

73 岁时，黄宗英还"死乞白赖地"进了北京中医药大学一年级听课，选修中药史和中药学。一头银发的老太婆在校园里来来往往，人们都以为她是某系的教授，尊敬地称她为"老师"，谁也料不到暮年的大明星、大作家，竟如此好学，如此执着。

热心公益的"京都文丐"

黄宗汉为自己的名片冠以"京都文丐"并有文作释：报刊文章常有给我冠以文化界知名人士者，实受宠若惊。如今假冒伪劣泛滥，民众怨愤载道，"文化知名人士"一词更不该有假，于是乃印名片，用以正名。意在武训当年是文盲办教育，而我是艺盲办文化艺术，虽时代不同，然而皆是热心公益事业之人而已。

黄宗汉确实可谓是京城内外一位著名的文化"乞丐"，他整天奔走呼号，八方求援，以自己独特的视角抢救艺术遗产，弘扬祖国传统文化。

黄宗汉曾经是北京东风电视机厂的厂长，他到该厂任职后只三年，使这个年年亏损的单位变成赢利大户。他们厂生产的北京"昆仑"牌 3100 型黑白电视机出口国外，首次打开了国产电视机进入国际市场之路。人民文学曾刊登过由作家理由写的报道他事迹的报告文学《希望在人间》。

1981 年中国国际电视合拍公司成立，黄宗汉任公司总经理，1983 年制作中心要拍摄电视连续剧《红楼梦》，为经费发愁。黄宗汉提出一个大胆设想，建一个永久性的"大观园"，这样既可以解决拍摄场景，又可为市民提供一个游览去处。在设想变为现实的过程中，黄宗汉为筹集资金、确定园址东求西讨，然后向红学专家、古建筑专家请教，又奔波于建筑科学院、工程建设等单位。

经过一年多的苦心经营，大观园首期工程竣工，怡红院、潇湘馆、蘅芜院一处处落成了。电视剧封镜后，大观园作为北京一处人文景观保存下来，供人游览。

以后，中华历史人物蜡像馆、虎坊桥原湖广会馆、天桥乐茶园、天桥大型娱乐城，一座又一座文化设施在黄宗汉的乞讨下一一问世。黄宗汉的这一创举成为古典文化遗产与城市现代建设有机结合的典范，各地纷纷效仿，无锡的"三国城"、涿州的"唐城"、杭州的"宋城"、横店的"秦王宫"，如雨后春笋般衍生出来。

"天桥梦"是黄宗汉挥之不去的一块心病。他意识到经济发展了，抢救文化遗产迫在眉睫，于是他又去乞讨，先请著名北京人艺舞美设计师按照当年北京大茶馆的规模绘制示意草图，再由古建筑学家王世仁先生设计，没多长时间，一座古色古香的天桥乐茶园在京城城南崛起，行将失传的杂耍百戏，冒着腾腾热气的京味小吃历历重现。只能容两百来人的小游乐场吸引了一批又一批游客。

作为中国国际电视合拍公司的法人代表黄宗汉，他还先后策划拍摄《长城的故事》《森林女神》《寻梅》及京城文化三部曲《天桥梦》《大栅栏》《王府井》等电视连续剧。

64岁的黄宗汉还去读中国人民大学研究生院历史系硕士学位，进入暮年的黄宗汉也像他的姐姐黄宗英一样，还在孜孜不倦地读书，读书！

黄宗汉凑上"卖艺黄家"的老四，不仅在《大栅栏》中有他的角色，他还演过《秋瑾》中烈士的遗孤，《家》中的孙少爷，《大团圆》中的老四。

马不停蹄的"龙套大师"

自北京人民艺术剧院建院伊始，黄宗洛就成为该院演员，在话剧舞台上度过了40个春秋。他在演艺界以擅演小角色闻名，荣获"龙套大师"的美誉。

黄宗洛与哥哥黄宗江、姐姐黄宗英兄妹三人被誉为艺术圈里的"黄氏三杰"。黄宗洛第一次走上银幕是在谢添导演的影片《锦上添花》中扮演一个搭错车的乘客，这也是一个小角色。"文革"结束后，谢添将老舍的经典著作《茶馆》搬上银幕，黄宗洛在剧中扮松二爷，其惟妙惟肖的表演让观众印象深刻。

1986年，年近花甲的黄宗洛在影片《田野又是青纱帐》中扮演一个看阴阳风水、宣传封建迷信的丁花先生，这个角色为他赢得了吉林省"小百花奖"。后来他在电视剧《擎天柱》中饰演一个卖耗子药的，又荣获了第十三届飞天奖最佳男配角奖。

黄宗洛曾在三部影片中担任男主角。在《远离战争的年代》中，他演一位没有笑脸、总爱训人的退休老军人形象；《找乐》中，他又变成一位少言寡语、心事重重的老戏迷；《宫廷斗鸡》中，他演起了皇上，成天嘻嘻哈哈，让人看后忍俊不禁。

"触电"以后的黄宗洛演了20部影片，还陆续获了不少奖，可谓越老越红火。

时光飞逝，如今黄家四兄妹都已先后离世。生命力最强的要数黄家小妹宗英。2016年，《黄宗英文集》四卷本问世；2019年，她还荣获第七届上海文学艺术奖终身成就奖。2020年12月14日，黄宗英逝世，享年96岁，是"卖艺黄家"最高寿的一位。

图书在版编目（ＣＩＰ）数据

瓯影 / 金丹霞著 . -- 上海：文汇出版社，2021.4
（瓯地乡愁）
ISBN 978-7-5496-3496-5

Ⅰ．①瓯… Ⅱ．①金… Ⅲ．①温州—地方史—图集
Ⅳ．① K295.53-64

中国版本图书馆 CIP 数据核字 (2021) 第 053013 号

瓯 影

编　　者　金丹霞
责任编辑　苏　菲
装帧设计　何天健

出 版 人　周伯军

出版发行　文匯出版社
　　　　　上海市威海路 755 号（邮政编码 200041）
经　　销　全国新华书店
印刷装订　天津千鹤文化传播有限公司
版　　次　2021 年 4 月第 1 版
印　　次　2021 年 10 月第 2 次印刷
开　　本　787×1092 1/16
字　　数　200 千字
印　　张　12.25

书　　号　ISBN 978-7-5496-3496-5
定　　价　88.00 元